职业教育汽车类专业“互联网+”创新教材

新能源汽车充电系统构造与检修

主　编　李宏伟　孙晓春　房宏威
参　编　刘　冰　战秀梅　马　威　安　邦
鲁振鹏　罗晓鹏　任晓光　胡克晓

机械工业出版社

本书是职业教育汽车类专业“互联网+”创新教材，主要内容包括充电桩的构造与装调、车载充电机的构造与检修、DC/DC变换器的构造与检修、充电连接装置的构造与检修，共4个项目。

本书按照新能源汽车充电系统的实际工作情况编排内容，每个任务都是以任务情境、任务目标、必备知识、任务实施、知识拓展、学习小结、自我评估7个环节为主线形成“闭环教学”模式，结合理论知识进行实践操作训练，对应企业岗位能力需求，形成理实一体化的学习模式，并有配套的视频操作教学，可以弥补目前在线精品课程教学资源的不足。

本书借助“互联网+”及信息技术，使教材内容呈现立体化、可视化、数字化，能够满足“人人皆学、处处能学、时时可学”的学习创新空间，为学习者提供“能学、助教、助训、助考”的课程资源。

本书可作为职业院校新能源汽车专业及相关汽车类专业的教学用书，还可以作为技术培训资料和汽车爱好者的科普读物。

为方便教学，本书配有电子课件、电子教案等资源，凡选用本书作为授课教材的教师均可登录 www.cmpedu.com，以教师身份注册后免费下载，或来电咨询：010-88379201。

图书在版编目（CIP）数据

新能源汽车充电系统构造与检修/李宏伟，孙晓春，房宏威主编. —北京：机械工业出版社，2020.7（2026.1重印）
职业教育汽车类专业“互联网+”创新教材
ISBN 978-7-111-66013-2

Ⅰ.①新… Ⅱ.①李…②孙…③房… Ⅲ.①电动汽车-充电-职业教育-教材 Ⅳ.①U469.72

中国版本图书馆CIP数据核字（2020）第118302号

机械工业出版社（北京市百万庄大街22号 邮政编码100037）
策划编辑：师 哲 责任编辑：师 哲
责任校对：梁 静 封面设计：张 静
责任印制：张 博
固安县铭成印刷有限公司印刷
2026年1月第1版第10次印刷
184mm×260mm · 7.25印张 · 173千字
标准书号：ISBN 978-7-111-66013-2
定价：25.00元

电话服务
客服电话：010-88361066
010-88379833
010-68326294

网络服务
机 工 官 网：www.cmpbook.com
机 工 官 博：weibo.com/cmp1952
金 书 网：www.golden-book.com
机工教育服务网：www.cmpedu.com

二维码索引

序　号	二 维 码	名　称	页　码
1		充电桩概述	6
2		直流充电桩的安装与调试	36
3		交流充电桩的安装与调试	36
4		充电桩安装调试案例	39
5		车载充电机概述	46
6		车载充电机维修案例	63

（续）

序　　号	二　维　码	名　　称	页　　码
7		充电连接装置概述	89
8		充电接口	92
9		充电口的检修	94

前　言

在新一轮科技革命和产业变革的影响下，产业升级和经济结构调整不断加快，“互联网+汽车”、新能源汽车、共享汽车、智能网联汽车等新业态的出现加速了汽车后市场的变革，面对新业态、新生态，与之相适应的汽车后市场人才极其匮乏，因此新时代汽车专业高素质技术技能人才的培养任重道远。

随着新能源汽车技术的发展，新能源汽车技术开发人员、产业服务人员相对短缺，亟须培养一批掌握新能源汽车知识的人才队伍，本书紧密结合当前汽车产业的发展及需求，介绍了充电桩的构造与装调、车载充电机的构造与检修、DC/DC 变换器的构造与检修、充电连接装置的构造与检修。

本书按照新能源汽车充电系统的实际工作情况编排内容，每个任务都是以任务情境、任务目标、必备知识、任务实施、知识拓展、学习小结、自我评估7个环节为主线形成“闭环教学”模式，结合理论知识进行实践操作训练，对应企业岗位能力需求，形成理实一体化的学习模式，并有配套的视频操作教学，可以弥补目前在线精品课程教学资源的不足。

本书由李宏伟、孙晓春、房宏威担任主编，参与编写的还有刘冰、战秀梅、马威、安邦、鲁振鹏、罗晓鹏、任晓光、胡克晓。

由于编者水平有限，书中难免有疏漏之处，敬请广大读者批评指正。

编　者

目 录

二维码索引

前言

项目一 充电桩的构造与装调 …… 1

任务 1 充电桩的认知 …… 2

任务 2 充电桩的安装与调试 …… 27

项目二 车载充电机的构造与检修 …… 43

任务 1 车载充电机的认知 …… 44

任务 2 车载充电机的检修 …… 58

项目三 DC/DC 变换器的构造与检修 …… 67

任务 1 DC/DC 变换器的认知 …… 68

任务 2 DC/DC 变换器的检修 …… 77

项目四 充电连接装置的构造与检修 …… 87

任务 1 充电连接装置的认知 …… 88

任务 2 充电连接装置的检修 …… 103

参考文献 …… 109

项目一 Project 1

充电桩的构造与装调

本项目主要学习新能源汽车用充电桩的知识，分为两个任务：任务 1 充电桩的认知；任务 2 充电桩的安装与调试。通过两个任务的学习，应能够掌握充电桩的构造以及安装调试方法，能对充电桩故障进行分析。

任务 1

充电桩的认知

任务情境

任务描述

一辆比亚迪 E5 新能源汽车在行驶过程中动力蓄电池电量不足，需要立即寻找充电桩充电。给这辆比亚迪 E5 新能源汽车充电的任务，你们能完成吗？

任务提示

根据故障现象，这辆车的动力蓄电池处于缺电状态，需要对该车动力蓄电池进行充电。本任务需要掌握充电桩的原理、使用规范和充电的基本操作流程。

任务目标

知识目标

1. 掌握充电桩的功能、分类和工作原理。
2. 掌握充电桩的技术要求和基本参数。
3. 掌握充电桩的使用管理规定。

能力目标

1. 能完成充电桩例行检查项目。
2. 能完成充电基本操作。

必备知识

一、基本术语

1. 传导式充电

传导式充电是利用电传导给动力蓄电池进行充电的充电方式。

2. 车载充电机

车载充电机是固定安装在新能源汽车上的、将交流电变换为直流电、采用传导式充电为新能源汽车动力蓄电池充电的专用装置。

3. 交流充电桩

交流充电桩是采用传导方式为具有车载充电装置的新能源汽车提供交流电源的专用供电装置。

4. 省电模式

当车辆已连接充电桩但未处于充电状态时，充电桩为降低损耗而关闭部分电路（如 PWM 输出信号）的状态。

5. 待机模式

当无车辆充电和人员操作时，充电桩仅保留后台通信、状态指示等基本功能的状态。

6. 待机功耗

充电桩处于待机模式时的交流输入有功功率。

二、充电设备的分类

充电系统指给新能源汽车运行提供补给能量的系统，其作为重要的支撑系统，也是实现将新能源汽车进行商业化运作、产业化的必不可少的环节。新能源汽车充电设备主要指充电站及其附属配套设施，如充电机、充电站监控系统、充电桩、配电室以及安全防护设施等。

充电机是一种通过传导方式将电网交流电转换为直流电，给新能源汽车动力蓄电池充电，提供直流充电接口与人机操作界面，并具有专业测控与保护功能的专用装置。充电机按安装位置可分为非车载充电机（桩）和车载充电机，如图 1-1 所示。车载充电机安装在新能源汽车里面，通过与外面的充电桩连接，再通过电源变换器将直流电提供给动力蓄电池充电；非车载充电机是指固定安放在新能源汽车本体外，采用传导方式实现新能源汽车的动力蓄电池与电网交流之间的能量双向转换。一般情况下，充电机应设计为至少能够给磷酸铁锂离子蓄电池、镍氢蓄电池、铅酸蓄电池 3 种类型的动力蓄电池充电。

按照电流的种类不同，充电桩可分为交流充电桩和直流充电桩。与交流电网相连并固定安装在新能源汽车外的供电装置称为直流充电桩，它具有充电机功能，对被充电的动力蓄电池状态进行实时监视与控制，并对充电电量实施计量；交流充电桩指固定在地面、柱上或墙上，运用传导方式给装有车载充电机的新能源汽车接充交流电能，提供人机操作界面及交流充电接口，并具备相应测控保护功能的专用装置。

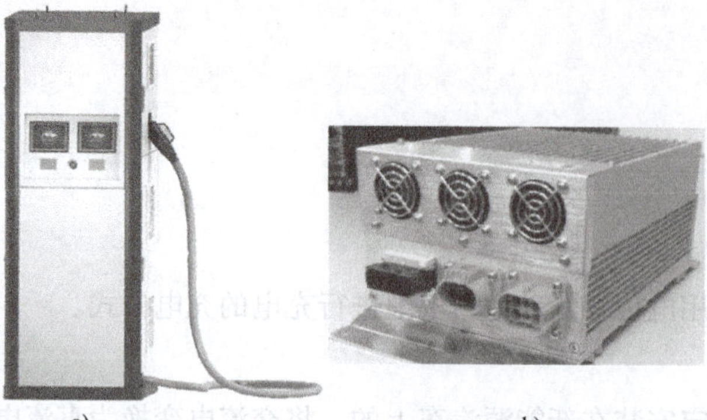

a)　　　　　　　　b)

◣图 1-1　新能源汽车充电机

a）非车载充电机　b）车载充电机

三、充电方法的分类

根据充电方法的特点，新能源汽车的充电方法可分为常规充电、快速充电、无线充电、更换动力蓄电池充电等。

1. 常规充电

该充电方法根据选用动力蓄电池的充电曲线，应用传统的先恒流后恒压的充电顺序给动力蓄电池充电，以便在整个充电过程中充电特征与动力蓄电池的固有特性更接近，从而有效地防止动力蓄电池过充电或欠充电。这种方法用较低的充电电流对动力蓄电池充电，相关技术成熟可靠，因此相关的充电机的安装成本和使用成本比较低，常被用于小型充电站与家用充电设施场合。这种充电方法对电网无特殊要求，对动力蓄电池和新能源汽车来说，是最安全可靠的充电方法。

2. 快速充电

使动力蓄电池在很短时间内接近或达到充满状态的充电方法称为快速充电。该充电方法在短时间内能够以大充电电流为动力蓄电池充电，其典型的充电时间为20min～2h。快速充电不仅会降低动力蓄电池的使用寿命，而且对电网有较大的冲击。快速充电需要建设专用的、可靠性高的电网，大多在10kV变电站附近进行，此外，针对其对电网造成的谐波污染问题，需采用复杂的、优化的谐波抑制措施。因此，快速充电方法只适用于大型充电站。

3. 无线充电

无线充电即非接触式充电，是不需要接触即可实现充电的方法，具体应用电磁感应式。

4. 更换动力蓄电池充电

在新能源汽车动力蓄电池需充电的时候，通过更换动力蓄电池来实现给新能源汽车供给能源的方法称为换动力蓄电池充电。该方法要求在新能源汽车上的动力蓄电池设计要标准化，并且容易操作更换。动力蓄电池的快速更换需求的专业化水平高，只适合在标准的充电站实施。

四、常用动力蓄电池的分类

性能好的动力蓄电池能减少新能源汽车的运行成本，并增加续驶里程。纵观新能源汽车的发展史，经过商业化而延传到今的动力蓄电池包括铅酸蓄电池、锂离子蓄电池和金属氢化物镍蓄电池等。

1. 铅酸蓄电池

铅酸蓄电池负极材料为海绵状的铅，正极材料为二氧化铅，电解液为硫酸溶液，如图1-2所示。铅酸蓄电池具有成本低、可靠性能高、技术发展成熟等优点。铅酸蓄电池的一些明显的缺点（如过充电/放电性能差、质量较大、容易自放电、快速充电实现困难等）迫使人们对它进行改进，于是发明了超级电容器。超级电容器是至少有一个电极、主要通过电极/电解液界面形成的双电层电容或电极表面快速氧化还原反应形成的赝电容实现储能的电化学储能器件。超级电容器具有双电层电容器的高功率密度、长使用寿命以及比铅酸蓄电池价格便宜的优势，而且使用的铅量比现有铅酸蓄电池要小，在小型或中型新能源汽车上有较好的应用前景。

2. 锂离子蓄电池

20世纪90年代，锂离子蓄电池开始得到发展。作为一种高容量可充电蓄电池，锂离子蓄电池由石墨负极、锂离子金属氧化物形成的正极和电解液（有机溶剂溶解的锂盐溶液）组成。锂离子蓄电池是利用锂离子作为导电离子，在阳极和阴极之间移动，通过化学能和电能相互转化实现充、放电的电池，如图1-3所示。作为一种新型化学电源，锂离子单体蓄电池因其标称电压高、比能量大、自放电率低和充电电压范围较宽、无记忆效应等优点，被大众普遍认为是特别具有发展潜力的新能源汽车动力蓄电池。

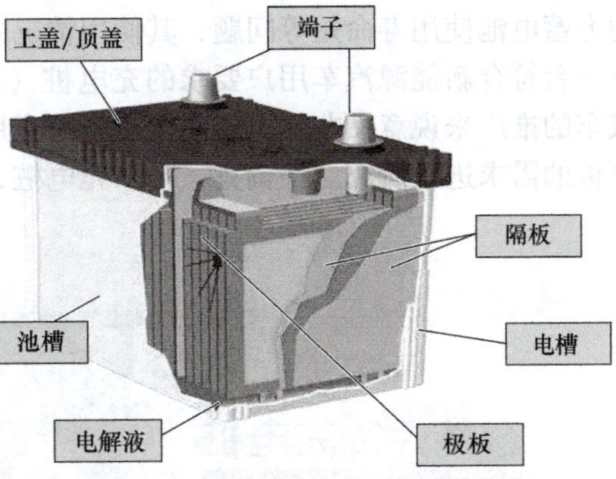

图1-2 新能源汽车铅酸蓄电池

锂离子蓄电池可作为现今全球范围内的能量储能技术研究开发的热点，主要表现在以下三个方面：大容量、长使用寿命和安全性。现阶段锂离子蓄电池已经得到了许多新能源车厂的广泛应用。

3. 金属氢化物镍蓄电池

20世纪90年代发展起来的金属氢化物镍蓄电池是一种新型绿色蓄电池，是正极使用镍氧化物、负极活性物质使用铅、以氢氧化钾为电解液的蓄电池，如图1-4所示。因为具有运行电压高、比功率大、比能量大和较好的过充电电耐受性和热性能等特点，金属氢化物镍蓄电池大量应用于混合动力汽车上。然而金属氢化物镍蓄电池具有在低温时容量减少和自放电率过高的缺点，且原材料（如金属镍）的价格昂贵、成本高，这些都制约着金属氢化物镍蓄电池的广泛使用。

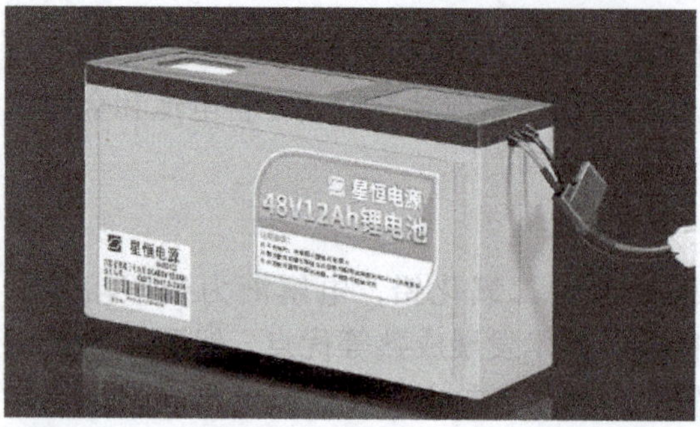

◣图 1-3　锂离子蓄电池

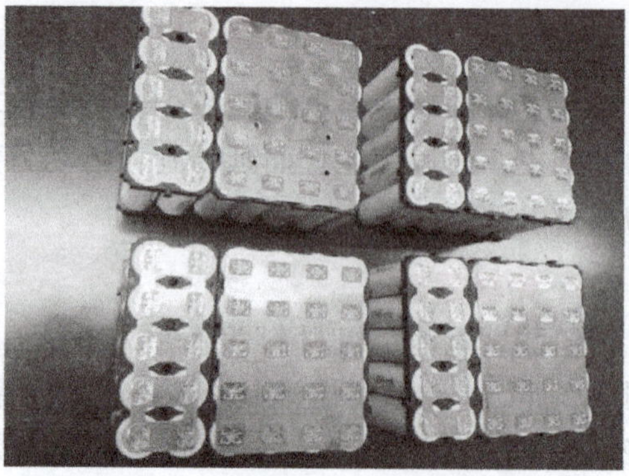

◣图 1-4　金属氢化物镍蓄电池

五、智能充电桩需求分析

由于新能源汽车日益增多，其配套充电设施的建设需要随之进行。充电桩作为充电设施的重要组成部分，目前在一些地区已经投入使用。但是，由于现有充电桩存在充电效果差、动力蓄电池使用寿命短等问题，其使用情况并不理想。如果能改善现有充电桩的不足，设计出一台符合新能源汽车用户要求的充电桩（图 1-5），使其能够智能、安全充电，对新能源汽车的推广来说意义非凡。若要设计出符合用户要求的充电桩，需针对新能源汽车用户对充电桩的需求进行研究。经调查，对于充电桩，新能源汽车用户需求如下：

◣图 1-5　新能源智能充电桩

扫一扫

充电桩概述

1. 充电桩的安全运行

在充电桩充电时，系统可能出现各种突发故障，所以对充电桩充电系统实时监测及充电设备的保护是不可或缺的。例如突发故障后，系统能自动断电，保障设备和人身安全。

2. 充电桩的可靠性

充电桩常常分布于城市各处，其长时间处于无人值守状态，要求充电桩在使用时必须能正常可靠地工作。

3. 充电桩使用信息的记录、存储、查询与统计

充电桩能够对充电用户信息的登陆与退出等有关信息进行实时记录、存储与统计，同时可以方便使用者便捷查询，以作为充入电量及缴费等的依据。

4. 快速无损充电

充电桩应该可以实现快速无损的充电，即可以在短时间内对动力蓄电池充入大量电能，还可以避免动力蓄电池的过度损伤。

5. 充电报表的打印

用户使用某充电桩充电完成后，可以将充电的相关数据等信息及时打印出来。

6. 提供充电所花费的金额

依据获取的充电电量的多少，为用户出具所花费的金额。

六、充电桩概述

随着国内外新能源汽车的高速发展，与其对应的充电桩行业的发展也得到了前所未有的推进。充电桩类似于加油站里面的加油机，可以固定在地面或墙壁，安装于公共建筑（公共楼宇、商场、公共停车场等）和居民小区停车场或充电站（图1-6）内，可以根据不同的电压等级为各种品牌的新能源汽车充电。充电桩的输入端与交流电网直接连接，输出端装有充电插头用于和新能源汽车连接。充电桩一般提供常规充电和快速充电两种充电方式，人们可以使用特定的充电卡在充电桩提供的人机交互操作界面上刷卡使用，进行相应的充电方式、充电时间、费用数据打印等操作，充电桩显示屏能显示充电量、费用、充电时间等数据。

图1-6 新能源汽车充电站

七、充电桩的功能

充电桩（栓）能实现计时、计电度、计金额充电，可以作为市民购电终端。同时，为提高公共充电桩（栓）的效率和实用性，将陆续增加一桩（栓）多充和为电动自行车充电的功能。充电桩充电状态显示如图1-7所示。

八、充电桩的分类

1. 按安装方式分类

按安装方式分类，充电桩可分为落地式充电桩和挂壁式充电桩，如图1-8所示。落地式充电桩适合安装在不靠近墙体的停车位；挂壁式充电桩适合安装在靠近墙体的停车位。

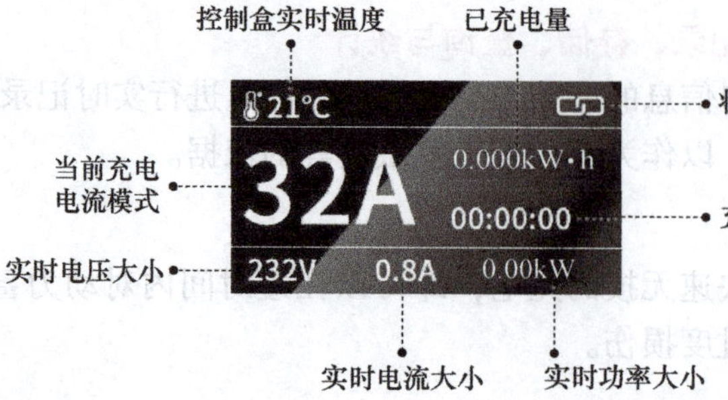

图 1-7 充电桩充电状态显示

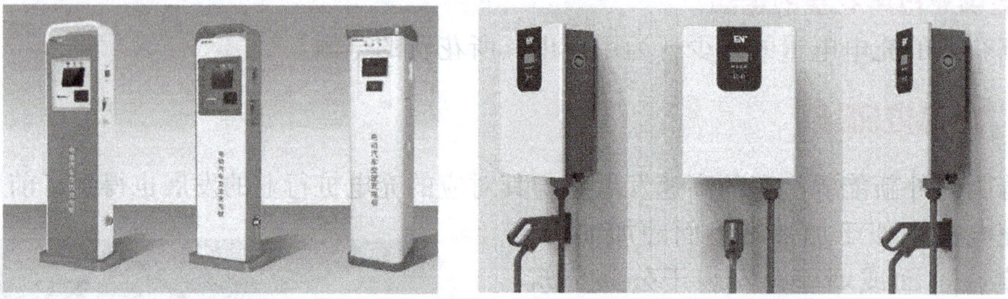

a)　　b)

图 1-8 落地式充电桩和挂壁式充电桩

a）落地式充电桩 b）挂壁式充电桩

2. 按安装地点分类

按照安装地点分类，充电桩可分为公共充电桩、专用充电桩和自用充电桩。

1）公共充电桩是建设在公共停车场结合停车泊位，为社会车辆提供公共充电服务的充电桩。

2）专用充电桩是建设企业自有停车场，供企业内部人员使用的充电桩。

3）自用充电桩是建设在个人自有车位，为私家车辆充电的充电桩。

充电桩一般结合停车场的停车位建设，安装在户外的充电桩外壳防护等级不应低于IP54，安装在户内的充电桩外壳防护等级不应低于IP32。

3. 按充电接口数分类

按充电接口数分类，充电桩可分为一桩一充式和一桩多充式。

4. 按充电方式分类

按充电方式分类，充电桩可分为直流充电桩、交流充电桩和交直流一体式充电桩（图 1-9）。

九、充电桩的组成

1. 交流充电桩的构成和功能

交流充电桩一般由桩体、电气模块、计量模块等组成。桩体包括外壳和人机交互界面；

电气模块和计量模块安装在桩体内部；电气模块包括充电插座、电缆转接端子排和安全防护装置等。

交流充电桩一般应具有人机交互功能、计量功能、外部通信功能和软件升级功能等。

人机交互界面提供人机交互功能，主要包括显示功能和输入功能。显示功能用于显示在各种状态下的相关信息；输入功能用于手动设置充电参数。

计量模块提供对输出电能的计量功能。控制单元具备与外部通信的相关接口，并具备系统控制软件的升级功能。

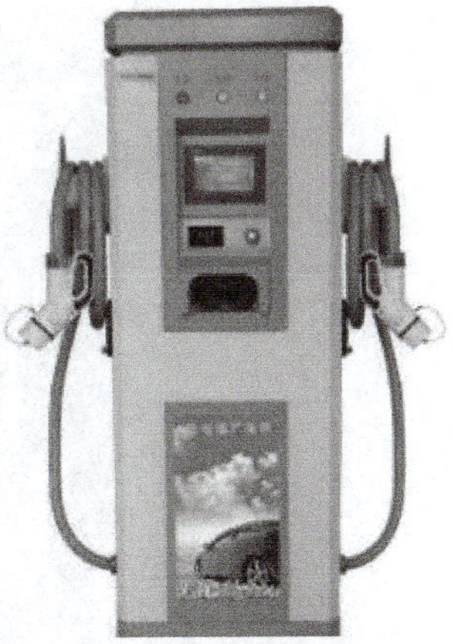

图 1-9　交直流一体式充电桩

2. 直流充电桩的构成和功能

直流充电桩主要由充电桩控制器、人机交互子系统、功率变换子系统及电量计量单元、智能管理模块等部分组成。

各组成部分的主要功能如下：

1）主控制器完成对各个子系统的协调控制功能，接收多种输入指令，切换充电桩的工作状态及控制充电功率模块的输出等。

2）人机交互子系统包括IC卡读写器和人机交互界面等，用以实现用户与充电桩的交互，完成用户身份鉴证、充电需求信息输入、充电过程中的数据显示及用户自主控制指令输入等功能。

3）功率变换子系统包括交流供电输入单元、充电功率模块和有源滤波模块，充电功率模块可以实现并联时的自主均流，从而可以由一种标准功率模块并联组成多种规格的充电桩。

4）电量计量单元采用成熟的交流计量技术。

5）智能管理模块包括运营管理系统的通信接口、数据处理和数据存储等组成部分，用来实现各种运营管理策略。

十、充电桩的建设要求

作为电网配用电侧的新能源汽车充电桩（栓），其结构的特殊性决定了自动化通信系统的特点是被测点多且分散、覆盖面广、通信距离短，如图1-10所示。随着城市的发展，网络拓扑要求具有灵活性和扩展性的结构。因此，新能源汽车充电桩（栓）通信方式的选择应考虑以下问题：

1. 通信的可靠性

通信系统要长期经受恶劣环境和较强的电磁干扰或噪声干扰的考验，应能保持通信的畅通。

2. 建设费用

在满足可靠性的前提下，综合考虑建设费用及长期使用和维护的费用。

图 1-10　停车场中的充电桩

3. 双向通信

不仅能实现信息量的上传，还要实现控制量的下达。

4. 多业务的数据传输速率

随着终端业务量的不断增长，主站到子站、子站到终端之间通信对实现多业务的数据传输速率要求越来越高。

5. 通信的灵活性和可扩展性

由于充电桩具有控制点面多、面广和分散的特点，要求采用标准的通信协议，随着“ALL-IP”网络技术的发展以及电力运营业务的不断增长，需要考虑基于 IP 的业务承载，同时要求便于安装施工、调试、运行、维护。

十一、充电桩的通信方式

新能源汽车充电桩的通信方式主要有有线方式和无线方式两种。

1. 有线通信方式

有线通信方式主要有有线以太网（RJ45 线、光纤）通信和工业串行总线（RS485、RS232、CAN 总线）通信。有线以太网通信主要的优点是数据传输可靠、网络容量大；缺点是布线复杂、扩展性差、施工成本高、灵活性差。工业串行总线通信的优点是数据传输可靠、设计简单；缺点是布网复杂、扩展性差、施工成本高、灵活性差、通信容量低。充电桩的通信系统拓扑图如图 1-11 所示。

2. 无线通信方式

无线通信方式主要采用移动运营商的移动数据接入业务，如 GRPS、EVDO、CDMA 等。采用移动运营商的移动数据业务需要将新能源汽车充电桩这一电网内部设备接入移动运营商的移动数据网络，需要支付昂贵的月租和年费，随着充电桩数量的增加，费用将越来越大；同时，数据的安全性和网络的可靠性都受到移动运营商的限制，不利于设备的安全运行；其次，移动运营商的移动接入带宽属共享带宽，当局部区域有大量设备接入时，其接入的可靠

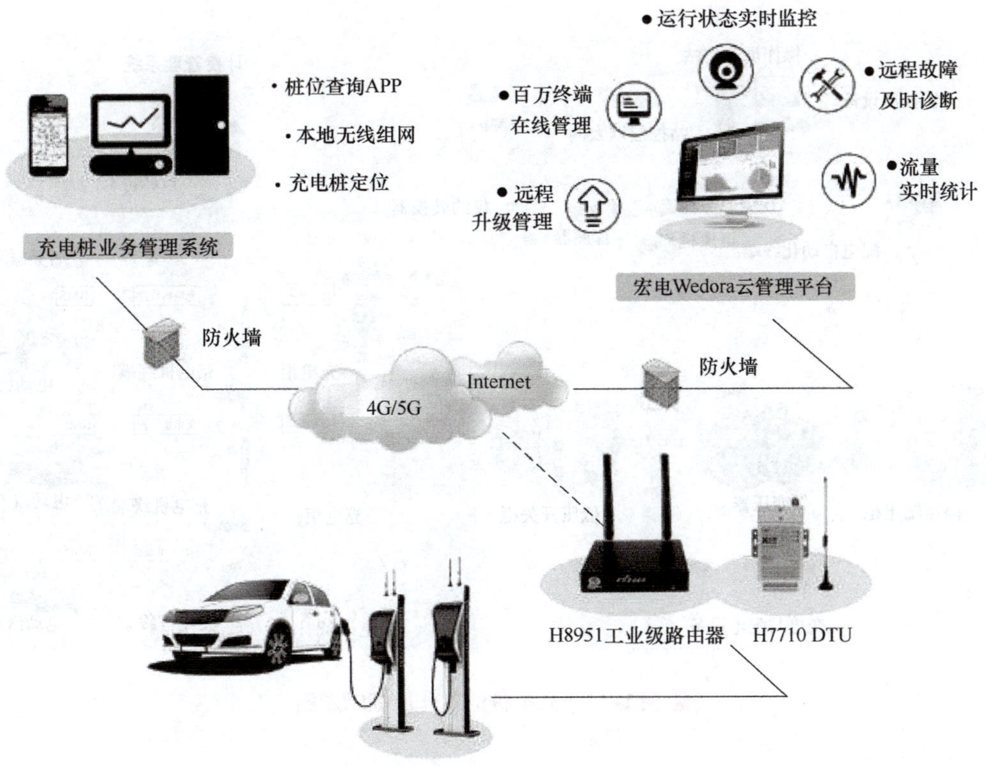

图 1-11　充电桩的通信系统拓扑图

性会降低、每个用户的平均带宽会减小，不利于充电桩群的密集接入、大数据量的数据传输。

十二、充电桩的工作原理

充电桩是固定在地面上为新能源汽车提供直流/交流电的充电装置，其还应具有显示、刷卡、计费以及打印充电信息等功能。其工作原理如图 1-12 所示。

1. 直流充电桩的工作原理

直流充电桩，俗称“快充”，它是固定安装在新能源汽车外、与交流电网连接、可以为非车载新能源汽车动力蓄电池提供直流电源的供电装置。直流充电桩的输入电压采用三相四线 AC 380V ±15%、频率为 50Hz，输出为可调直流电，直接为新能源汽车的动力蓄电池充电。由于直流充电桩采用三相四线制供电，所以能提供足够的功率，输出的电压和电流调整范围大，可以实现快充的要求。直流充电桩的原理电路简图如图 1-13 所示。

2. 交流充电桩的工作原理

交流充电桩，俗称“慢充”，它是固定安装在新能源汽车外、与交流电网连接、为新能源汽车车载充电机（即固定安装在新能源汽车上的充电机）提供交流电源的供电装置。交流充电桩只提供电力输出，没有充电功能，需连接车载充电机为新能源汽车充电，相当于只是起了一个控制电源的作用的。交流充电桩的原理电路简图如图 1-14 所示。

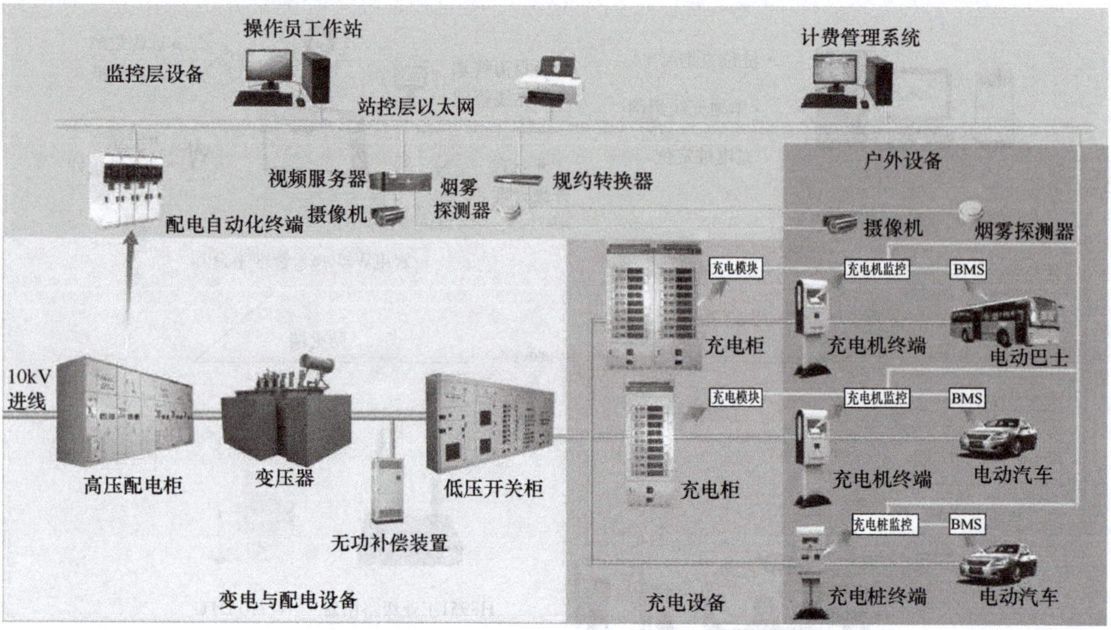

图 1-12　充电桩的工作原理示意图

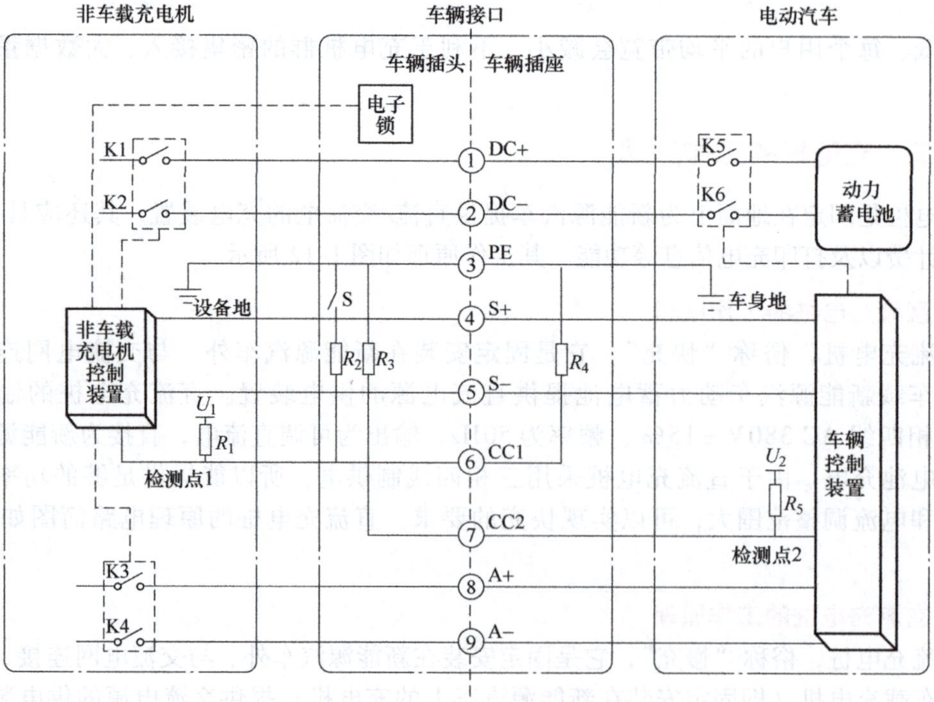

图 1-13　直流充电桩的原理电路简图

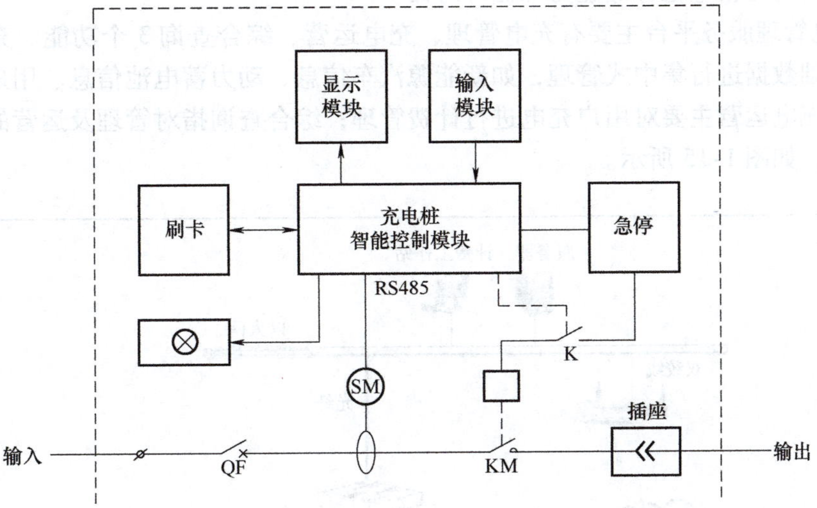

◣ 图 1-14 交流充电桩的原理电路简图

小知识

直流充电桩和交流充电桩的区别可以简单地概括为：直流充电桩能对新能源汽车动力蓄电池进行直接充电，而交流充电桩需要采用车载充电机对动力蓄电池进行间接充电。另外，两种充电桩在充电速度上也有很大区别。对一辆新能源汽车进行完全充电（电量从 0 到 100% 的充电过程）时，使用交流充电桩需要 8h 左右的时间可以完成；而使用直流充电桩时，只需要 20min ~ 2h。交流充电桩充电过程缓慢是因为新能源汽车的车载充电机的功率较小，而直流充电桩输出电压和电流较大，所以其输出功率也很大，可以为新能源汽车动力蓄电池进行快速充电。

3. 充电桩的整体系统原理

整体系统由新能源汽车充电桩、集中器、蓄电池管理系统（BMS）、充电管理服务平台 4 部分组成。

1）新能源汽车充电桩的控制电路主要由嵌入式 ARM 处理器完成，用户可自助刷卡进行用户鉴权、余额查询、计费查询等功能，也可提供语音输出接口实现语音交互。用户可根据液晶显示屏指示选择按时计费充电、按电量充电、自动充满、按里程充电共 4 种充电模式。

2）新能源汽车充电机控制器与集中器利用 CAN 总线进行数据交互，集中器与充电管理服务器平台利用有线互联网或无线 GPRS 网络进行数据交互。为了安全起见，电量计费和金额数据实现安全加密。

3）蓄电池管理系统（BMS）的主要功能是监控动力蓄电池的工作状态（动力蓄电池的电压、电流和温度）、预测动力蓄电池的电池容量（SOC）和相应的剩余行驶里程，进行动力蓄电池管理以避免出现过放电、过充电、过热和单体蓄电池之间电压严重不平衡现象，最大限度地利用动力蓄电池存储能力和循环寿命。

4）充电管理服务平台主要有充电管理、充电运营、综合查询3个功能。充电管理对系统涉及的基础数据进行集中式管理，如新能源汽车信息、动力蓄电池信息、用户卡信息、充电桩信息；充电运营主要对用户充电进行计费管理；综合查询指对管理及运营的数据进行综合分析查询，如图1-15所示。

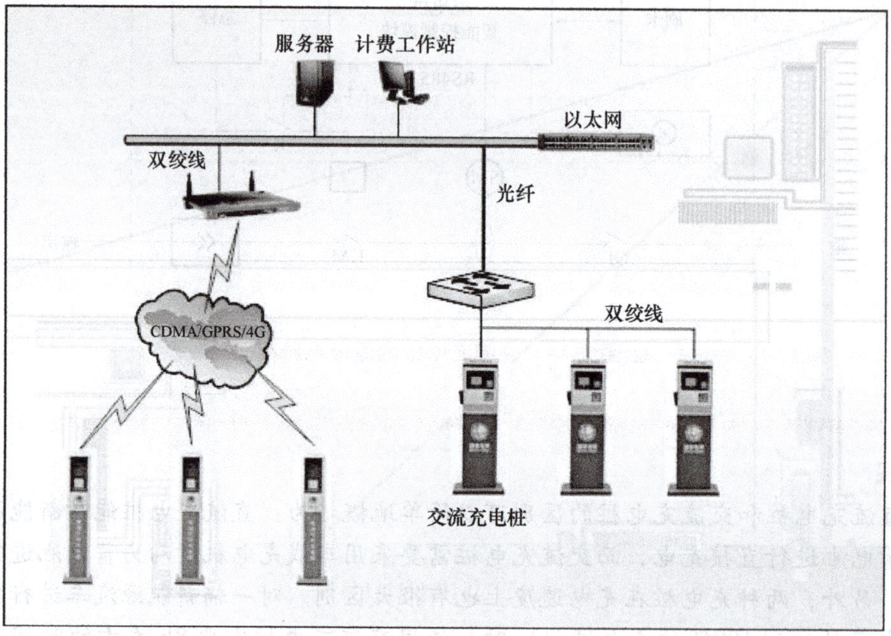

图1-15　充电管理服务平台

十三、充电桩的技术要求及基本参数

1. 直流充电桩技术要求

① 充电桩电源输入电压：三相四线AC 380V ±15%，频率为50Hz ±5%。

② 充电桩应满足充电对象。

③ 充电桩输出为直流电，输出电压满足充电对象的动力蓄电池制式要求。

④ 最大输出电流满足充电对象的动力蓄电池制式1C的充电要求，并向下兼容。

⑤ 充电方式分为常规和快速两种方式，常规为5h充电方式，快速为1h充电方式（针对不同动力蓄电池类型进行选择）。

⑥ 充电桩对充电过程中的非正常状态应具备相应的报警和保护功能。

⑦ 充电桩采用强制风冷。

2. 交流充电桩技术要求

（1）环境条件要求　工作环境温度：-20～+50℃；相对湿度：5%～95%；海拔：≤1000m；安装地点：户外；抗振能力：地面水平加速度0.3g，地面垂直加速度0.15g，设备应能承受同时作用持续3个正弦波，并且安全系数应大于1.67。

(2) 结构要求

① 壳体应坚固，应选用厚度大于 1.0mm 的钢组合结构，表面采用浸塑处理，并充分考虑散热的要求，结构上须防止手能触及带电部位。

② 应有良好的防电磁干扰的屏蔽功能。

③ 应有足够的支撑强度，应提供必要设施，以保证能够正确起吊、运输、存放和安装设备，且应提供地脚螺栓孔；桩体底部应固定安装在高于地面不小于 200mm 的基座上，基座面积不应大于 500mm×500mm；桩体外壳应采用抗冲击力强、防盗性能好、抗老化的材质；非绝缘材料外壳应可靠接地。

(3) 电源要求　输入电压：单相 220V；输出功率：单相 220V/5kW；频率：50±2Hz；允许电压波动范围：单相 220V±15%。

(4) 电气要求

① 插头与插座正确连接并确认成功后，如图 1-16 所示，带负载可分合电路才可闭合，实现对插座的供电。

② 漏电保护装置应安装在供电电缆进线侧。

③ 低压配电设备及电路的保护应满足《低压配电设计规范》中的相关规定。

④ 对 IT 系统配电电路，当第一次接地故障时，应由绝缘监察装置发出音响或灯光信号；当发生第二次异相接地故障时，应由过电流保护电器或漏电电流动作保护器切断故障电路。

⑤ 照明配电系统中，照明和插座回路不宜由同一回路供电。插座回路的电源侧应设置剩余电流动作保护装置，其额定动作电流为 30mA。

图 1-16　插头与插座正确连接

(5) 安全防护功能

① 应具备急停开关，可通过手动或远方通信的方式紧急停止充电。

② 应具备输出侧的漏电保护功能。

③ 应具备输出侧过电流和短路保护功能。

④ 应具有阻燃功能。

(6) 三防保护　充电机内印制电路板、接插件等电路应进行防潮湿、防霉变、防盐雾处理，使充电机能在室外潮湿、含盐雾的环境下正常运行。

(7) 防锈（防氧化）保护　充电桩铁质外壳和暴露在外的铁质支架、零部件应采取双层防锈措施，非铁质的金属外壳应具有防氧化保护膜或进行防氧化处理。

(8) 防风保护　安装在平台上的充电机以及暴露在外的部件应能承受不同地区、不同高度处相对风速的侵袭。

(9) 防盗保护　充电桩（栓）外壳门应装防盗锁，固定充电桩的螺栓必须在打开外壳门后才能安装或拆卸。

3. 一体式充电桩技术要求

① 快速充电桩设备采用交直流一体的结构，既可实现直流充电，也可以实现交流充电。

白天充电业务多的时候，使用直流方式进行快速充电；当夜间充电用户少时，可用交流充电进行慢充操作。

② 可提供人机交互操作；提供直流、交流充电接口。

③ 具备语音提示功能；具备刷卡功能。

④ 具备打印凭条的功能。

⑤ 和 BMS 实时通信，获取动力蓄电池类型、单体蓄电池电压、剩余容量、温度、警告等信息。

⑥ 向充电机发出控制指令、开关信号，控制充电机启动与停止，获取充电机状态信息。

⑦ 具备充电接口的连接状态判断、联锁、控制导引等完善的安全保护控制逻辑。

⑧ 具备漏电、短路、过电压、欠电压、过电流等保护功能，确保充电桩安全可靠地运行；外壳防护等级为 IP54。

4. 充电桩的基本参数

充电桩的基本参数见表 1-1。

表 1-1　充电桩的基本参数

序号	技术要求	技术参数
1	满足标准	GB/T 18487. 1—2015
2	插接器动力线触头额定电压	DC 750V
3	插接器动力线触头额定电流	125A
4	插接器控制线触头电压	DC 36V
5	插接器控制线触头电流	5A
6	插接器机械操作寿命	≥10000 次
7	防护等级	IP32（室内）、IP54（室外）
8	耐电压	2000V（1min）
9	绝缘电阻	≥500MΩ

任务实施

一、准备工作

（1）防护装备　隔离栏、警示牌、绝缘手套、护目镜和安全帽、绝缘鞋。

（2）实训车辆　比亚迪 E5 纯电动汽车、比亚迪秦混合动力汽车等。

（3）工具设备　充电桩、充电连接装置等。

（4）辅助资料　汽车维修手册、教材。

二、实施步骤

根据任务要求，每 6 个人 1 组，每组选出 1 名组长，组长对小组成员进行任务分配。以小组为单位，根据实训室充电桩的配置，完成以下相关的操作。

1. 典型纯电动汽车充电桩的充电操作

(1) 单枪操作过程

1) 上电后进入默认初始界面，单击“开始充电”，如图1-17所示，跳转到下一界面。

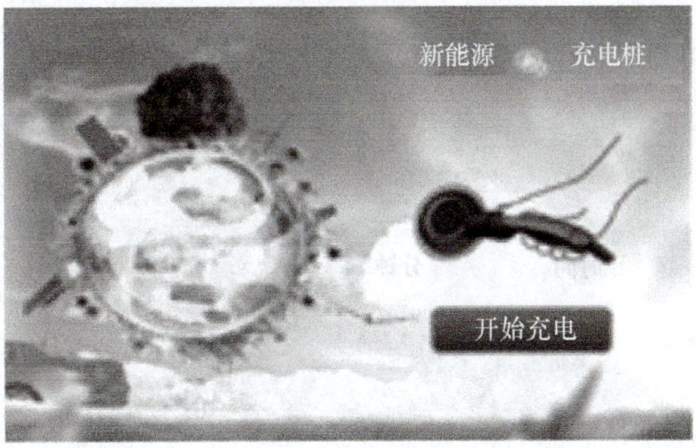

图1-17 单枪初始界面

2) 单击开始充电“按钮”后，跳转到提示“请连接充电枪”界面，充电枪连接上之后跳转到下一界面，选择充电模式，如图1-18所示。

3) 如果选择自动充满模式，则下一页自动跳到提示用户刷卡的界面；如选择其他模式充电，需要对该模式做简单的设定，如图1-19所示。

图1-18 充电模式选择

图1-19 刷卡启动充电

4) 图1-20列出了“时间模式”“金额模式”“电量模式”“功率模式”4种充电模式，单击输入框可进行设置。

图 1-20　几种充电模式

5）刷卡后进入充电状态，有简单的充电信息在界面上显示，如图 1-21 所示。

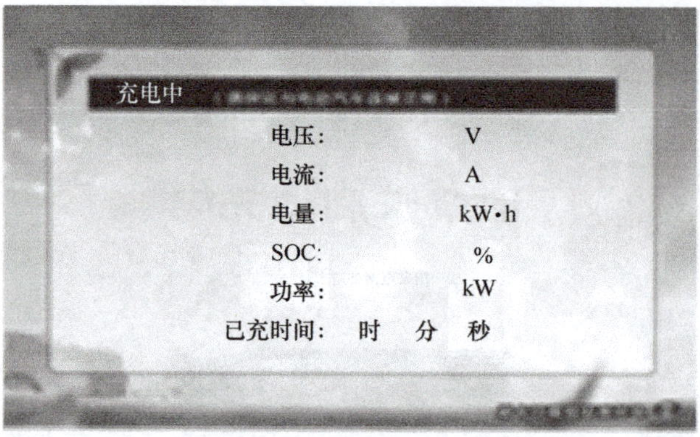

图 1-21　充电信息

6）自动充电结束后，有简单的提示信息界面 1，刷卡后跳到界面 2，如图 1-22 和图 1-23所示。如果直接刷卡结束，则直接显示界面 2。

7）在充电开始前，可以单击显示屏左上方的“CLOU”图标，可以进行简单的参数配置。

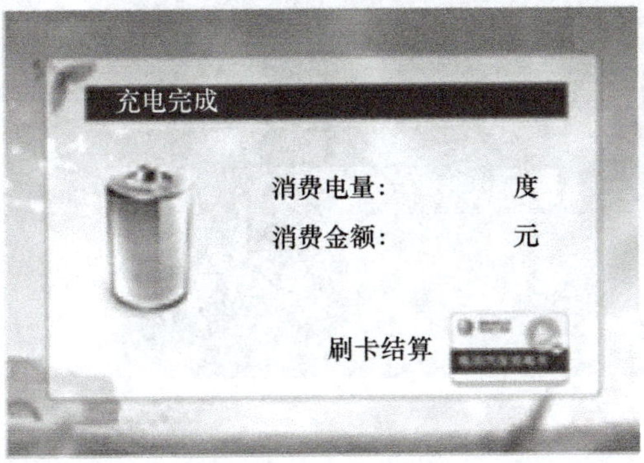

▲图 1-22　界面 1

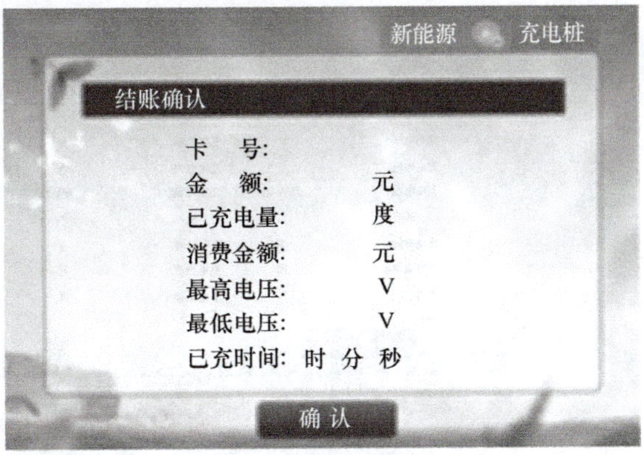

▲图 1-23　界面 2

（2）双枪操作过程

1）上电后进入默认待机界面（图 1-24），如果 A、B 的状态都显示“正常，请连接充电枪”，表示 A、B 口都可以使用。

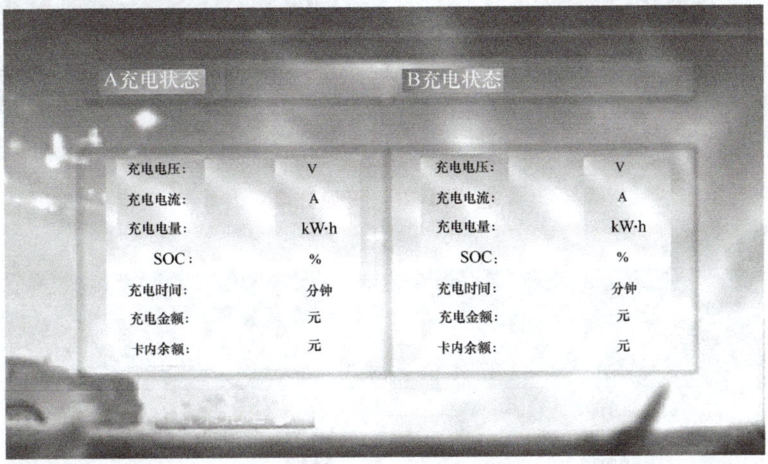

▲图 1-24　默认待机界面

2）若用户要进行充电，将充电枪 A 或充电枪 B 拔出并插入汽车充电插座内，待充电枪连接好后（图 1-25），液晶屏上对应的充电状态会显示：“已经连接，请单击开始充电按钮”。单击“开始充电”即可执行下一步。

3）用户单击“开始充电”按钮后，界面提示用户进行刷卡（针对收费客户）或输入密码（非收费客户）操作。密码授权操作模式下，单击界面提示区域会有键盘弹出，在键盘中输入密码验证后，单击下方“启动充电”按钮开始充电（图 1-26）。如果密码错误，页面会提示“输入密码错误”的菜单，单击确定按钮后重新输入。如果在密码界面等待时间过长，页面会切换回默认，请重新操作。

4）启动充电时用户会听见“滴”的一声，液晶屏显示界面为默认界面，单击“结束充电”可结束充电。单击蓄电池信息可查看蓄电池信息和状态，如图 1-27 所示。

5）此种状态下，如果另一个充电接口状态显示“正常，请连接充电枪”，则另一个接

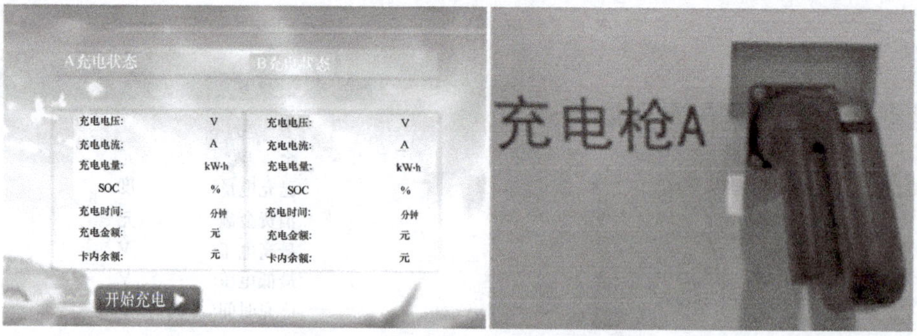

图 1-25 充电枪 A 已经连接好

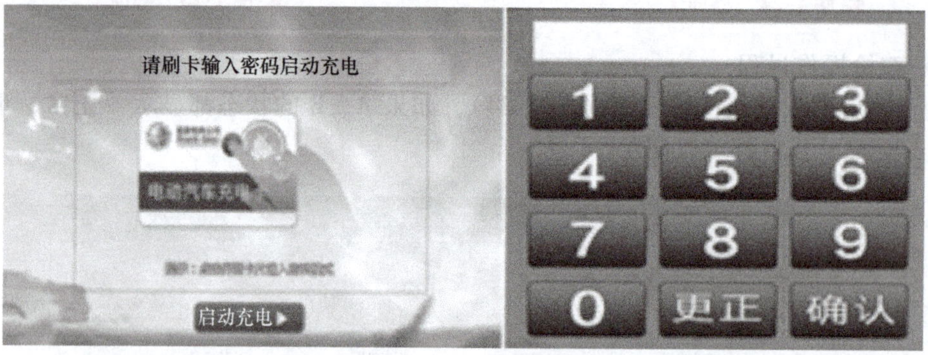

图 1-26 开始充电

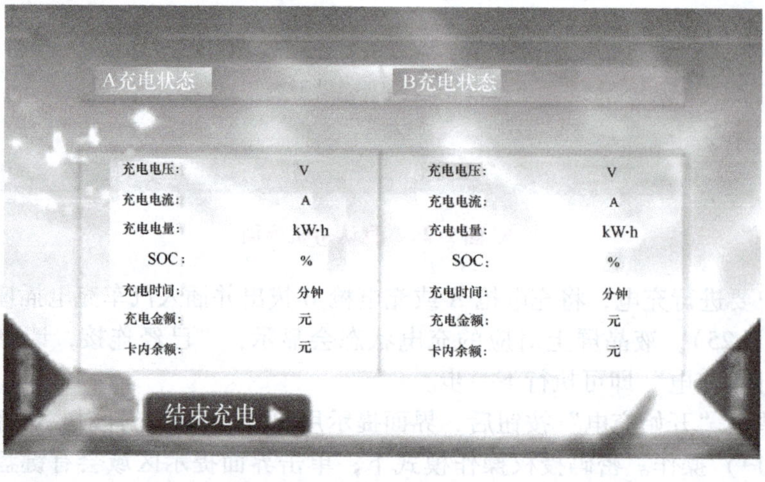

图 1-27 A 用户充电中，B 用户空闲

口也可以使用，操作步骤参照以上 1）~4）可以使用另一个充电枪进行充电。

6）如果有用户 A/B 进行了刷卡结账，则暂时切换到对应结账信息界面，如图 1-28 所示，并在结算界面停留大概 10s 后返回。此过程不影响另一个用户的充电活动。

7）在 1）~6）过程中都可以单击显示屏左上方的 CLOU 图标，弹出输入密码界面，输

图 1-28 A 用户结算信息

入密码后进入菜单模式，如图 1-29 所示。

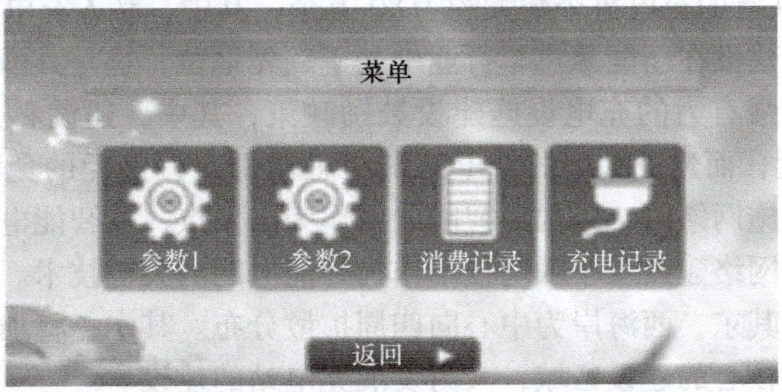

图 1-29 主菜单界面

8）单击“参数设置”时弹出参数设置界面。

9）单击“充电记录”时弹出充电记录界面，如图 1-30 所示。

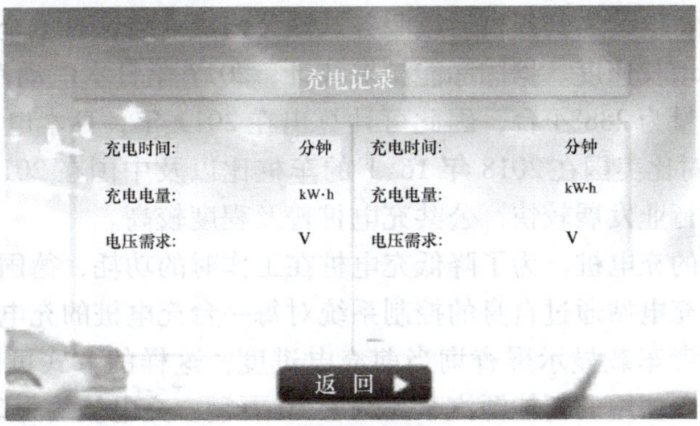

图 1-30 充电记录界面

10）单击“状态信息”时弹出实时状态信息界面。

2. 典型混合动力汽车充电桩的充电操作

混合动力汽车充电桩的充电操作过程与纯电动汽车充电桩充电操作过程大体一致，按照操作界面提示操作即可完成。

知识拓展

一、国外新能源汽车充电桩发展现状

目前，世界上新能源汽车市场主要集中在美国、日本、德国、英国、法国、挪威和中国。在充电基础服务设施的建设上，美国、日本、德国等发达国家开始比较早，建设水平较为先进。

在美国，由于政府的鼓励和法律政策的扶持，新能源汽车的研发生产起步较早，数量相对较多，其销售量已经占据了全球总销售量的12.7%。与此同时，美国在某些地区建设了许多新能源汽车充电站和充电桩，这些设备基本安装在了公共场所，如大型的停车场、车辆修理站等。同时，美国私人充电桩非常丰富，用于为个人用户提供方便快捷的充电服务。截至2019年底，美国共有的充电桩个数大约为80万个，其中，私人充电桩占到了总数的60%左右。美国的充电站建设在新能源汽车行业中处于领先地位，这与其国家政策和规划布局密不可分。美国制定了强有力的充电设施建设鼓励政策，其中，建设私人充电桩最高可获得2000美元的免税额度，而建设大型的充电站最高可获得5万美元的免税额度或者补贴。美国在规划设计充电设施网络时，以构建智能电网作为出发点，从智能电网发展的整体思路出发，将充电基础设施网络建设及车联网技术作为智能电网的关键技术。美国在选址布局建设充电基础设施时，以其东、西海岸为中心向四周扩散分布。其中，将加利福尼亚州、华盛顿州、纽约州等作为最核心的建设区域，大力发展充电站的建设。

日本在充电站的建设上走在了全球的前列。为了完善新能源汽车充电基础设施服务网络的建设等配套服务，以提高多种不同新能源汽车车型的普及程度，2014年5月，由丰田、日产、本田以及三菱四家大型的车企制造商联合日本政策投资银行一起成立了“日本充电服务公司”（NCS）。该公司旨在为日本新能源汽车充电基础设施建设提供经济支持，并在设施建成后的8年内，继续为其提供后续服务。该公司成立后，日本全国的新能源汽车充电桩数量呈现出较快的增长速度。据国际能源署统计，2017年日本电动汽车保有量为20.5万辆，公共充电桩保有量为28834台，因此可计算出在2017年，日本电动汽车与公共充电桩的车桩比约为7:1，对比美国在2018年16:1的车桩比以及中国在2019年6月9:1的车桩比，可见日本充电桩行业发展较快，公共充电桩普及程度较高。

德国推行低成本的充电桩。为了降低充电桩在工作时的功耗，德国的新能源汽车充电桩没有触摸屏及按键，充电站通过自身的控制系统对每一台充电桩的充电过程进行控制。用户可以通过智能手机或者车载显示屏查询当前充电进度，这样的方式可以降低用户的充电消费。目前德国已经投入使用的新能源汽车大约有10万辆，充电桩约为20000个。

2014年6月，德国的宝马、戴姆勒、保时捷以及大众汽车等汽车企业联合德国能源供应公司EnBW、德国合作出版社和两所德国大学，一起推出了名为“SLAM——快速充电桩网络”的重大科研项目。该项目中的快速充电桩要求0.5h内完成充电量的80%。德国的PlugSurfing公司提供了手机APP服务，用户可以通过该APP定位覆盖某一区域内的充电桩，制订出行路线并提前预约充电，该预约充电需要提前预付一定的费用。

其他一些欧美国家在充电桩的建设上也具有各自的特色。在英国，绝大部分的新能源汽车充电桩向车主免费开放。这些充电桩分布在居民住宅集中的各个区域、商业繁华的办公楼宇附近或是人流量较多的街道上。用户只要定时上交规定数量的管理费用，就能够享用非常优惠的充电服务，而且使用次数不会受到限制。在法国，许多地区已经建设了大量的充电桩供居民使用，其中还有很大一部分是供居民个人使用的家用充电桩。车主可以在家里就能非常方便地给新能源汽车充电，这样可以利用晚上电力低谷的时段，同时省去了将车开往充电站的时间和电能的额外消耗。法国政府通过减税等政策鼓励企业安装充电设施，希望到2030年时将充电设施的总数增加至700万个。在挪威，充电站由地方政府、新能源汽车管理机构以及私营公司共同承建，每个充电站最高可以获得20万挪威克朗的政府补贴。

二、国内新能源汽车充电桩发展现状

与新能源汽车在研发、生产以及销售领域的迅速崛起相比，我国在新能源汽车充电基础设施方面的建设相对滞后。在十五规划期间，国家成立了重大科技专项，用于研究新能源汽车充电相关的技术。2008年，为保障奥运会期间新能源汽车的正常运行，在北京建设了新能源汽车充电站，这是我国第一个大型的集中式的充电站，这标志着我国新能源汽车充电基础设施产业化的开端。南方电网公司在深圳市投入建设了两座大型充电站以及若干个分散的充电桩，2009年这些基础设施正式投入使用。同年11月，上海漕溪新能源汽车充电站的建设全部结束，并顺利通过了后期专家的评审验收。2010年，华北电网公司在唐山建设的大型充电站全部竣工，并正式进入实际使用阶段。一些新能源汽车生产厂商为扩大市场，也推出了一些专用的充电站。例如，比亚迪公司建设了自己的充电站，同时开发了后台管理系统。

截至2015年底，我国已建设完毕的充换电站共3600座以及分散的公共充电桩共4.9万个。国内新能源汽车与充电桩的比例约为9∶1。理论上，新能源汽车取代内燃机汽车，大规模市场化应用后，车与桩的比例应为1∶1，与这一目标相比，我国在充电基础服务设施方面的建设依旧不能满足新能源汽车数量快速上升的要求。而且由于新能源汽车的销量还在继续上升，充电资源的缺口被进一步的扩大。因此，加速建设充电桩是促进新能源汽车大规模市场化的关键，也是发展与新能源汽车相关的新型产业，能够促进我国经济发展，完善城市化建设。

我国政府出台了一些标准和政策，以促进充电站行业的产业化发展。2015年，我国发布了最新修订的《新能源汽车充电接口及通信协议》等5项与新能源汽车充电建设相关的国家标准。2016年1月1日，该标准正式实施。新标准规范了充电对接口和通信协议的标准，同时提高了充电过程的安全性以及设备在使用时的兼容能力。新国标主要针对新能源汽车传导充电的兼容性和安全性两方面做了详细的规划和指导。在安全性方面，通过添加温度监控、电子锁、绝缘监测等功能，保障在充电过程中的设备和人员的安全，并禁止了不安全的充电模式。在兼容性方面，标准重新定义了充电对接口的尺寸，该尺寸能够兼容原有的标准，还添加了电子锁止装置，用于提升充电连接过程的安全性以及智能化和自动化水平。从长期而言，该标准促进了新能源汽车充电桩产业的发展，降低了因不兼容而造成的充电基础设施的浪费；同时有利于提升充电桩的质量，并增加充电桩的安全性，减轻消费者的顾虑，避免了充电桩市场无序、混乱的发展。

三、充电桩的平均安装费用

除了公用充电站内的充电桩，目前大多数新能源汽车车主自行或申请安装的充电桩均为慢充式，正好对应家庭用电的220V电压。

根据其安装的位置及成本价值，一套充电桩安装下来要1～1.5万元。目前国家对购买新能源汽车的用户会有一定的补贴政策，新能源汽车公司也会提供30m内免费安装，只计算额外材料、人工费及税费，则一套充电桩只需不到5000元就能安装完毕。

四、充电桩建造补贴政策

充电桩依附着新能源汽车产业得到发展，迄今为止国内已经拥有360多万纯电动汽车，但充电桩的数量却仅有新能源汽车数量的1/3，充电桩的发展还需要经历较长的历程。目前国家正在不断地出台、修正各种购买政策，充电桩的技术也是在一日千里地进步着，向着更快更好更省钱的方向前进着，日后家用充电桩价格只会越来越低，实用性也会越来越高。

我国充电基础设施政策支持力度不断提升，从2009年“十城千辆”新能源汽车示范推广开始，我国制定了“中央补贴新能源汽车，地方补助充电设施”的政策基调。2014年11月，工信部发布《关于新能源汽车充电设施建设奖励的通知》，按照推广新能源汽车数量，分档给予地方充电设施补助奖励。2019年3月，工信部发布《关于进一步完善新能源汽车推广应用财政补贴政策的通知》，明确未来“补贴将从新能源汽车购置转向充电基础设施建设”。充电桩列为七大新基建领域之一，充电基础设施建设关注度、支持度不断提升。

从行业政策看，2020年我国规划建成充电桩480万个，充电桩配建要求和建设运营补贴充分保障充电桩规划实施，2019年新能源汽车推广补贴方案明确要求地方补贴对象从车辆购置转为充电设施建设运营。

五、无线充电技术

无线充电技术（图1-31）可以分为三种类型，第一类是电磁感应式，通过电磁感应“磁耦合”进行短程传输，这种系统电能传输距离短、工作时供收端位置较为固定，但是电能传输效率很高、实现起来比较容易，很适合作为无线充电技术使用；第二类是磁场共振式，将电能以非辐射性谐振“磁共振”的形式传输，它具有较高的传输效率和非常好的灵活性，成为现阶段无线充电行业发展的重点；第三类是无线电波式，将电能以微波的形式传送，发射到另一端的接收天线，然后通过整流、调制等电路处理后使用，使用最为便利，但是这种方式能效很低。

无线电能传输技术（Wireless Power Transfer，WPT）以磁场为媒介，不经过输电电缆即可实现电能传输，与插电式充电方式相比，无须电气接触，具有安全性、可操作性强，智能化等优点，并且无积尘和接触损耗，极大地减小了定期维护和检修的周期，节约了大量的人力，更加经济高效。此外，在一个大型停车场中只要在一定区域范围内安装无线充电设备即可给多辆汽车完成充电，同时将交直流转换部分从与电网连接的充电桩分散到不与电网连接的新能源汽车内部以及无线供电端，大量的新能源汽车同时接入配电网的同时，减少了给电网引入的谐波量，对电网稳定性有重要意义。新能源汽车无线充电系统由外部能量发射装置和位于汽车内部的能量接收装置组成，能量以无线方式从安置在外部的发射装置转换到车载

图 1-31　无线充电概念图

动力蓄电池中。高通在 2015 年 4 月 22 日的 FormulaE 电动方程式锦标赛上，展示了自己研发的 Halo 无限充电技术，运用 Halo 技术已经实现在 30km/h 下为新能源汽车充电。

六、国内研究和应用现状

清华大学等一些理工科学校和科研单位已经将一些科研力量投入到了无线充电技术研究。重庆大学无线电能传输科研小组分析了变压器的结构和电能传输效率之间的关系，并且探究了如何能在传输过程中保持功率输出为最大值的问题，基于这一研究，有学者对电能传输的方向性进行了一定的研究。西安交通大学王兆安教授针对负载电压控制和频率分叉现象等热点问题进行了深切的研究。

虽然我国无线充电领域相比于日本和欧美国家起步较晚，但是已经有了研究案例。北汽型号为 E150 的新能源汽车上面搭载了无线充电设备。该设备由多个子系统构成，包括电源系统、人机交互系统、发射线圈以及车载接收线圈系统。电源系统为 220V 的交流电源，但是这个无线充电系统要求汽车与发射系统距离为 20cm，充电有效距离为 50cm 内。这套无线充电系统充电效率可达 90% 以上，与现阶段常用的电缆式充电系统充电效率相差不多。从充电速度方面，这套设备可以用 30min 的时间给新能源汽车充满电。但是由于距离对充电功率有较大的限制，要想使这套设备有较高的充电效率，必须进行位置校准操作，给用户使用带来很大的不便。自 2014 年始，宇通客车发布纯电动客车整体解决方案，同年，20 辆 12m 电动公交车将在郑州 BRT 线路上投入运营，采用无线充电模式。

除此之外，我国的 BYD、东风汽车等制造厂商也在积极研究无线充电技术等。随着传输功率、充电效率以及充电距离等技术问题得到解决，新能源汽车充电必将越来越受到社会关注。

学习小结

1）充电桩可以根据不同的电压等级为各种型号的新能源汽车充电，其输入端与交流电网直接连接，输出端装有充电插头用于为新能源汽车充电，一般分为常规充电和快速充电两种充电方式。

2）充电桩的整体系统由新能源汽车充电桩、集中器、蓄电池管理系统（BMS）、充电管理服务平台四部分组成。

3）“充电桩”英文为 Charging Pile。

自我评估

1. 填空题

1）直流充电桩，俗称________，它是固定安装在新能源汽车外、与交流电网连接、可以为非车载新能源汽车动力蓄电池提供________的供电装置。

2）交流充电桩，俗称________，它是固定安装在新能源汽车外、与交流电网连接、为新能源汽车车载充电机（即固定安装在新能源汽车上的充电机）提供________供电装置。

3）____________的主要功能是监控动力蓄电池的工作状态（____________）、预测动力蓄电池的________和相应的________。

2. 判断题

1）充电桩铁质外壳和暴露在外的铁质支架、零部件不需要采取双层防锈措施。（　　）

2）快速充电桩设备采用交直流一体的结构，既可实现直流充电，也可以交流充电。（　　）

3）“充电桩”英文为 Charging Pile。（　　）

3. 不定项选择题

1）充电管理服务平台主要具有__________功能。

A. 充电管理

B. 充电运营

C. 综合查询

D. 通信服务

2）有线以太网主要的优点有__________。

A. 数据传输可靠

B. 网络容量大

C. 灵活性差

D. 布线复杂

任务 2

充电桩的安装与调试

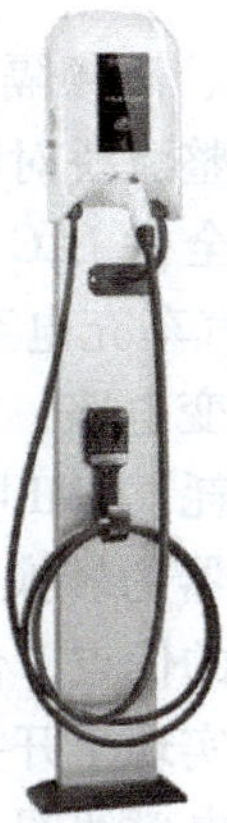

任务情境

任务描述

一辆比亚迪 E5 新能源汽车在行驶过程动力蓄电池电量不足，需要立即寻找充电桩充电。4S 店刚到一批新的充电桩，需要立即安装，为客户进行充电。

任务提示

根据故障现象，这辆汽车的动力蓄电池处于缺电状态，需要立即安装并调试充电桩，对该车动力蓄电池进行充电。这个工作任务需要掌握充电桩的安装与调试的操作流程。

任务目标

知识目标

1. 掌握充电桩的充电步骤。
2. 掌握充电桩的技术要求和基本参数。
3. 掌握充电桩的使用管理规定。

能力目标

1. 能够正确安装充电桩。
2. 能够对新安装的充电桩进行调试。

必备知识

一、充电电源的发展现状和趋势

目前，新能源汽车充电电源主要采用高频开关电源以提供新能源汽车充电所需的电能。对充电电源的研究，目前主要呈现集成化、高密度化、高频化和智能化的特点。前两项主要是对充电系统主电路的研究与改进，后两项主要是针对充电控制技术。

1. 充电电源主功率电路

充电电源主功率电路一般包括整流桥、高频隔离 DC/DC 变换器、LC 滤波电路等部分。对于中小功率充电电源，一般采用二极管整流桥对输入的额定电压为 220V 的单相交流电整流，其高频隔离 DC/DC 变换器大多采用全桥 LLC 谐振变换器、反激变换器、半桥变换器等。图 1-32 所示为全桥 LLC 谐振新能源汽车充电系统主功率电路。4 个功率 MOSFET 开关管及其寄生二极管、并联电容构成全桥逆变电路，逆变电路实现了电压的 DC/AC 变换，并使器件工作在高频条件下，减小了开关损耗、EMI 噪声。并联电容的设计实现了开关管的软开关技术，减小了开关应力，提高了变换器的转换效率。LLC 谐振电路由电容与两电感串、并联构成，它兼顾了串联谐振和并联谐振的优点，使开关管的开关控制频率在极小的变化范围内就能实现输出电压的大范围变化，并实现了开关管在全负载范围内的 ZVS。非接触式感应电能传输电路的实现主要依靠高频耦合电磁线圈。它解决了传统导线直接接触式供电在安全性和可靠性方面的一些问题，是一种有效、安全的电能传输方式，因而在新能源汽车领域具有广泛的应用前景。近年来，随着材料科学、电力电子器件、功率变换和控制技术的发展，非接触式感应电能传输技术的实际应用已经成为现实。

二极管整流桥的输出具有很大的电压纹波和电流纹波。新能源汽车的动力蓄电池对充电电流纹波极其敏感，因而需要设计滤波电路以减小充电电流纹波，实现安全充电。LC 滤波利用电感与电容并联，滤除高次谐波，是目前最为常用的滤波方式。并联级联越多，对高次谐波的抑制能力越强，实际应用中常根据设计要求设计合适的级联数和电感、电容参数。

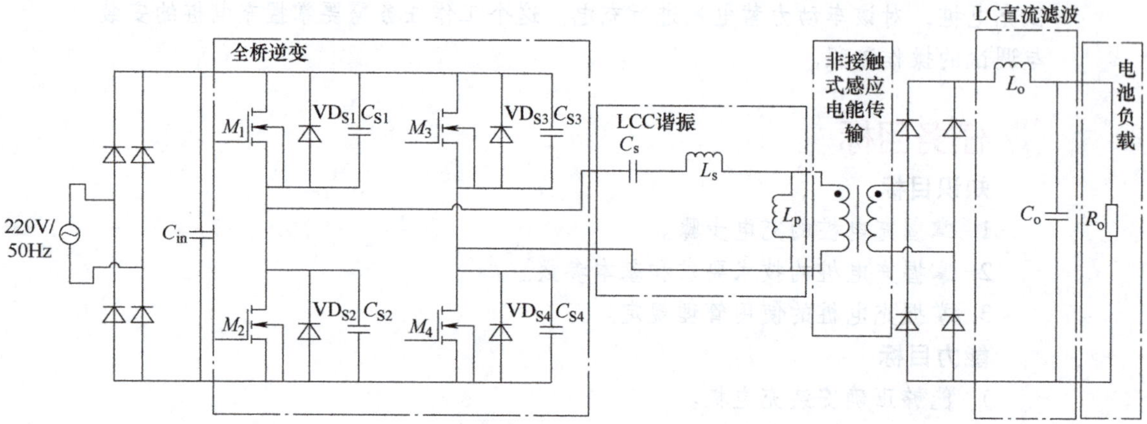

图 1-32 全桥 LLC 谐振新能源汽车充电系统主功率电路

2. 充电控制技术

目前对于全桥变换器的控制方式最为常用的是移相控制方式，它充分利用了谐振电路和开关器件的寄生电容来实现 ZVS，器件应力小、控制方法简单，在功率 MOSFET 管上运用的比较成功。

图 1-33 所示为移相控制方式的波形图。主电路中的超前臂开关功率管和滞后臂开关功率管分别互补导通，并且各自导通接近 180°（为实现开关管的 ZVS，常设置一定的死区时间），通过控制斜对角的两开关管的导通时刻差电角度（即移相角）可达到调整输出电压范围的目的。在该控制条件下，输出的方波电压宽度与移相角的大小有关。

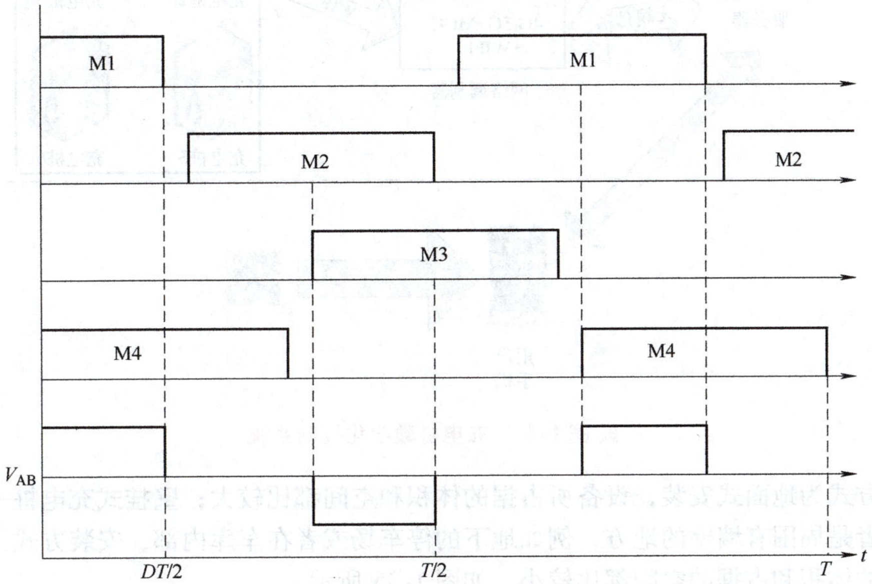

图 1-33　移相控制方式的波形图

3. 数字化控制系统

新能源汽车充电系统的控制系统大都是由数字部件和模拟部件组成的混合系统，而全数字控制系统已成为当前发展的方向。传统的数字控制系统通常以单片机或微机为核心，而由信号处理器（Digital Signal Processor，DSP）构成的控制系统相对于单片机或微机具有更高的精度和速度，它的逻辑判断能力更为丰富。其丰富的数字输入/输出口、通信口、专用 PWM 输出口等，可以实现复杂的控制规律，可简化控制系统的硬件设计，使得整个控制系统体积减小、重量减轻、能耗降低、可靠性提高。由 DSP 构成的控制系统成为目前研究的热点。如图 1-34 所示。

二、交流充电桩结构图

1. 桩体

按照安装使用的方式以及占用空间大小的不同，桩体可以具有落地式和壁挂式两种不同的外观类型。落地式充电桩一般安装在大型的停车场或者路边停车位等空间较为宽敞的地

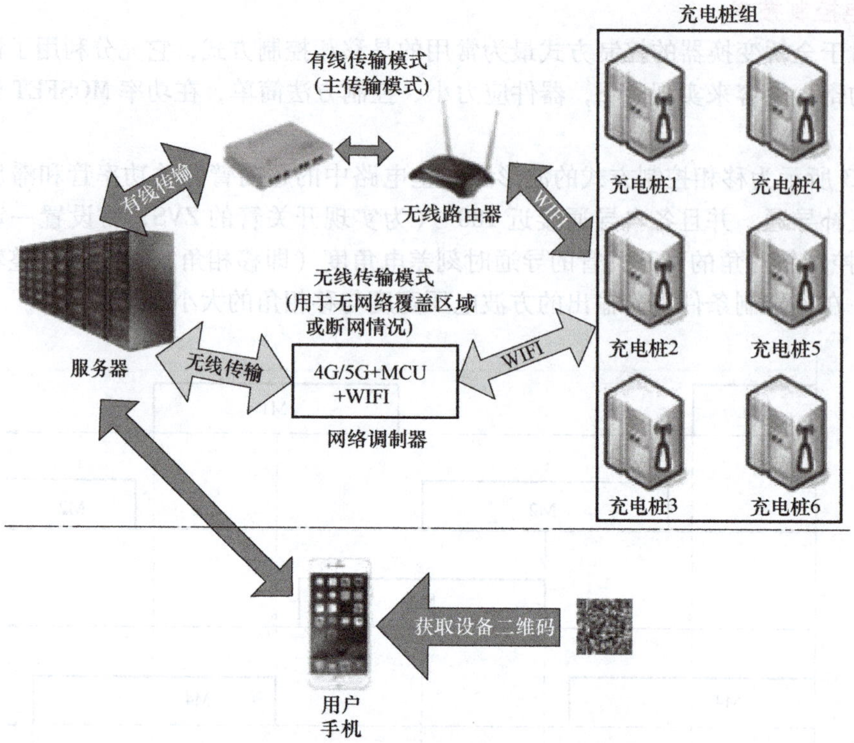

▲ 图 1-34 充电桩数字化控制系统

方，安装方式为地面式安装，设备所占据的体积和空间都比较大；壁挂式充电桩一般安装在室内，或者是周围有墙壁的地方，例如地下的停车场或者在车库内部，安装方式为壁挂式安装，桩体的体积和占据的空间都比较小，如图 1-35 所示。

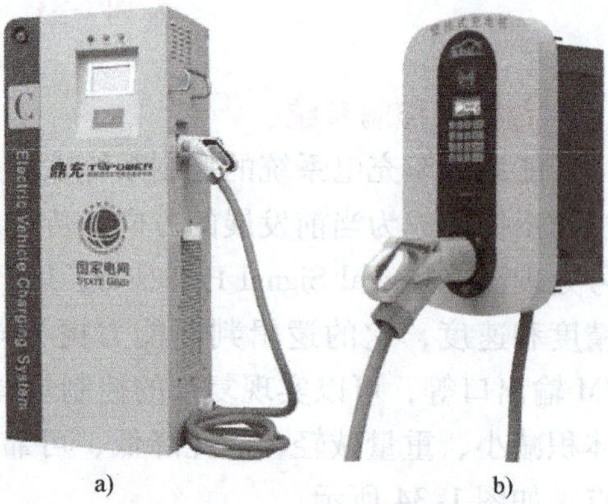

▲ 图 1-35 充电桩的桩体结构

a）落地式充电桩 b）壁挂式充电桩

2. 电气模块

电气模块负责控制充电桩电能输出的断开和导通，当发生紧急情况时，还能够及时地断开电能输出，保护充电桩和人员安全。一般在电气模块中，使用交流接触器作为负责电源导通或者关闭的开关器件。其工作原理如图 1-36 所示。

交流接触器内部有导线线圈，规则地缠绕在静铁心上；动铁心通过弹簧固定，与动触片和辅助触点的触片联动。当内部的开关 K 闭合后，电路导通，线圈上有电流通过，静铁心便会产生电磁吸力。此时，动铁心受到该吸力，克服弹簧的反作用力带动动触片移动，闭合开关，导通电源和负载电路。开关 K 断开后，静铁心上的电磁吸力消失，动铁心在弹簧的作用力下复位，同时，与之联动的动触片与主触点分开，断开电源与负载的电路。

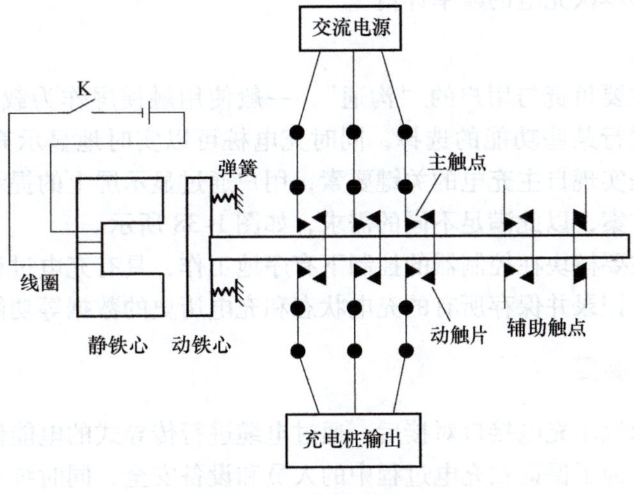

图 1-36　电气模块工作原理

3. 计量模块

计量模块用于监测交流充电桩实时的电压、电流、输出电能以及输出功率等数据，目前使用较为普遍的是智能电表。智能电表不仅具有普通电表的电量计量的作用，还可以实现用户端控制，并且与控制器进行双向数据通信。同时，在计量模块内使用智能电表可以提高设备的自动化程度。充电桩控制模块如图 1-37 所示。

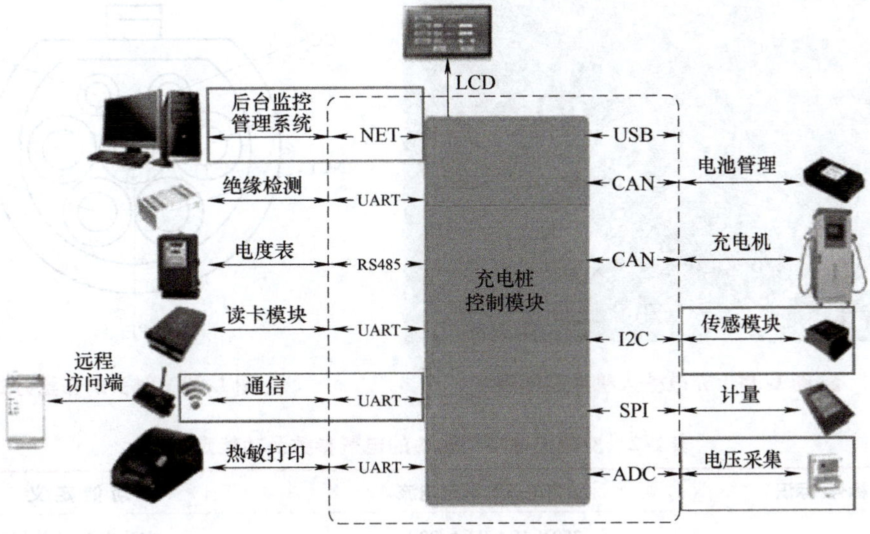

图 1-37　充电桩控制模块

4. 账务管理模块

账务管理模块根据当前实时电价和已消耗电量等数据计算本次消费金额并收取费用、打印账单。完成账务管理任务需要控制器和嵌入式打印机共同配合。充电桩采取梯形电价政策，控制器计算本次的消费金额并完成收费，打印机与控制器进行通信，控制器将消费信息发送至打印机，打印本次充电的账单详情。

5. 人机交互模块

人机交互模块主要负责与用户的“沟通”，一般使用触摸屏作为载体来实现这一功能。用户根据自身需要进行某些功能的选择，同时充电桩可以实时地显示充电过程中的详细信息。人机交互界面是实现自主充电的关键要素，用户通过显示屏上的提示与功能选择，可以设定个性化的充电方案，以此满足不同的需求，如图 1-38 所示。

充电桩的 5 个主要模块在控制器的控制下有序地工作，具有充电过程监测、电路保护监测、实行分时电价、记录并保存所有的充电状态和充电历史的数据等功能。

三、交流充电接口

充电桩与新能源汽车充电接口对接后，通过电缆进行传导式的电能传输，给车载动力蓄电池进行电能补给。为了保证在充电过程中的人员和设备安全，同时统一不同厂商生产的充电设备，交流充电桩需要使用专用的充电接口。

现行国家标准 GB/T 20234. 2—2015《电动汽车传导充电用连接装置 第 2 部分：交流充电接口》中明确规定了新能源汽车传导充电用的交流充电接口的各项参数指标要求。该标准对充电接口的整体设计规则、功能设计、形式规范结构以及参数和尺寸等都做了详细的定义与说明。在交流充电桩这一侧的接口包含有 7 个触头，触头的布置方式如图 1-39 所示，其电气参数值及功能定义见表 1-2。

图 1-38　充电桩人机交互界面

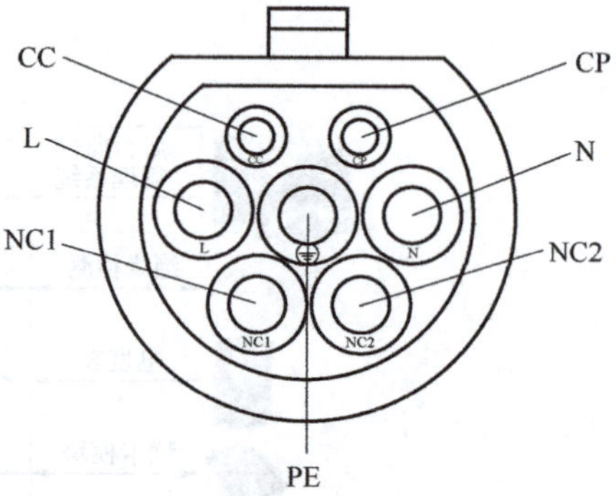

图 1-39　触头的布置方式

表 1-2　交流充电接口触头的电气参数及功能定义

触头标号/标识	额定电压和额定电流	功 能 定 义
1—(L)	250V 10A/16A/32A 440V 16A/32A/63A	交流电源（单相） 交流电源（三相）
2—(NC1)	440V 16A/32A/63A	交流电源（三相）
3—(NC2)	440V 16A/32A/63A	交流电源（三相）
4—(N)	250V 10A/16A/32A 440V 16A/32A/63A	中线（单相） 中线（三相）

（续）

触头标号/标识	额定电压和额定电流	功 能 定 义
5—(⏚)	—	保护接地（PE），连接供电设备地线和车辆电平台
6—(CC)	0V～30V 2A	充电连接确认
7—(CP)	0V～30V 2A	控制引导

在充电设备端口的对接和断开过程中，为保障设备和人员的安全，设计了不同触头的连接顺序。端口对接时，首先需要接通触头 5（即保护接地触头），保障设备已经接地。然后接通触头 7 和触头 6（即控制导引触头和充电连接确认触头），确认对接口连接正常。接口需要断开时，触头的断开顺序与连接过程顺序相反。先将控制导引触头和充电连接确认触头断开连接，然后断开保护接地触头。具体的电路连接状况如图 1-40 所示。

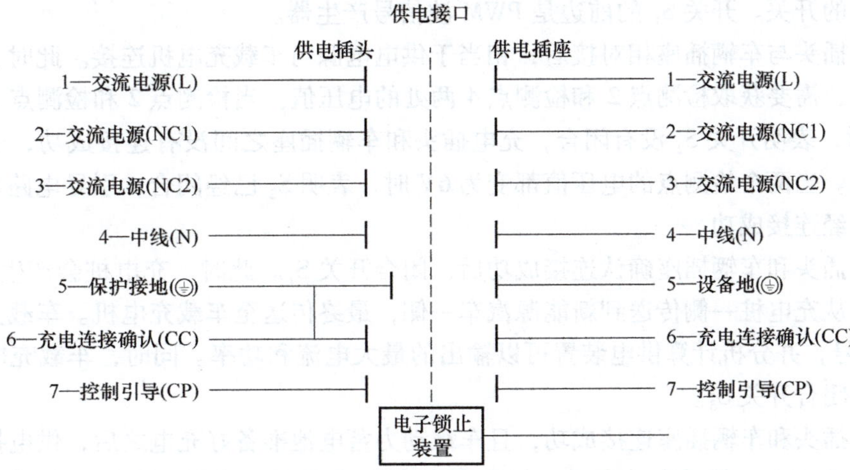

图 1-40　电路连接状况

四、控制引导电路

充电设备与车载充电机的对接口在连接后，连接的双方都需要能够读取到对接口当前连接状态的数据。控制引导就是充电设备与新能源汽车之间通信和连接的过程，是确保充电设备与新能源汽车之间稳定连接和安全充电的关键要素。

根据现行国标 GB/T 20234—2015《电动汽车传导充电用连接装置》中关于交流充电对接装置的相关规定，充电桩需使用控制引导电路。通过该电路实时地获取对接口当前的连接状态，并计算额定电流等参数。控制引导电路原理图如图 1-41 所示。

控制引导电路由充电桩部分、充电插头部分、车辆插座部分以及新能源汽车部分组成。开关 K 表示充电桩内部与交流接触器联动的电源开关。U_1 和 U_2 为 12V 的直流电源。电阻 R_3 和 R_4 代表充电插头和车辆插座中导线和触头等的内阻。S_1 代表充电控制装置中控制充电连接装置的开关。S_2 代表充电插头和车辆插座之间连接或者断开的开关。充电插头内部还设置有开关锁止装置，开关 S_2 与其是联动的。当 S_2 断开时，开关锁止装置是断开状态；当

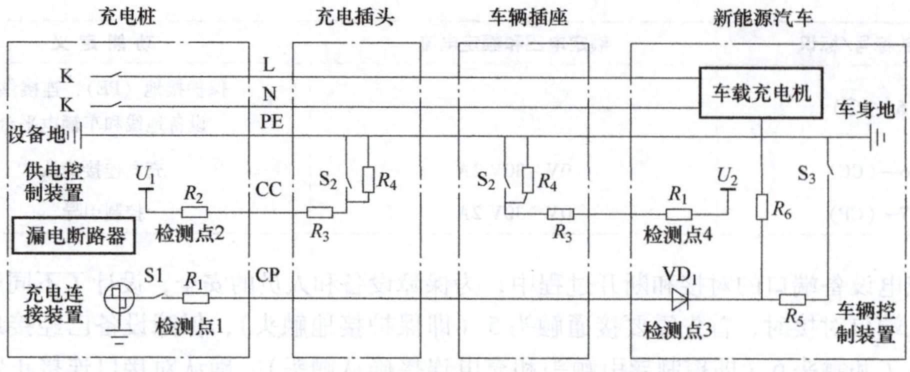

▲图 1-41　控制引导电路原理图

S_2 闭合后，开关锁止装置闭合，禁止车辆在充电过程中移动。S_3 是新能源汽车车辆内部用于控制装置的开关。开关 S_1 的前边是 PWM 波信号产生器。

当充电插头与车辆插座相对接后，相当于供电电源与车载充电机连接。此时，为确保电路连接正常，需要获取检测点 2 和检测点 4 两处的电压值。当检测点 2 和检测点 4 的电压值都为 12V 时，表明开关 S_2 没有闭合，充电插头和车辆插座之间没有连接成功，引导电路处于断开状态。当两个检测点的电压值都变为 6V 时，表明 S_2 已经闭合，引导电路处于导通状态，接口已经连接成功。

当充电插头和车辆插座确认连接成功后，闭合开关 S_1。此时，充电桩会产生 PWM 波信号，该信号从充电桩一侧传送到新能源汽车一侧，最终传送至车载充电机。车载充电机接收该 PWM 信号，并分析计算供电装置可以输出的最大电流和功率。同时，车载充电机进行自检功能，并闭合开关 S_3。

当充电插头和车辆插座连接成功，且车载动力蓄电池准备好充电之后，供电控制装置控制充电开关 K 闭合，然后启动充电。如果充电完成或者充电过程中连接装置断开，系统立即控制交流接触器断开，切断充电开关 K 回路，停止充电，保障人员与设备的安全。

五、充电站的选址布置

1. 充电站的选址

1）充电站的选址应结合城市新能源汽车发展规划统筹考虑，并与配电网现状和近远期规划密切结合，以满足充电站对供电可靠性的要求以及电网对充电站电能质量控制的要求。

2）充电站应便于供电电源的取得，宜接近供电电源端，并便于供电电源电路的进出。

3）公共充电站应选择在进、出车辆便利的场所，宜选择在城市次干道路旁，不宜选择在支路和交叉道路路口附近，充电站进、出口宜与城市次干道路相连。

4）当新能源电力工程抢修车、新能源供电营销车数量较多时，宜设置专用充电站，专用充电站宜设置在供电部门维修基地等附近。

5）新建充电站应充分利用临近的道路、交通、给排水、消防等市政公用设施。

6）充电站应满足环境保护和消防安全的要求，与其他建筑物、构筑物之间的防火间距应满足 GB 50229—2019《火力发电厂与变电站设计防火规范》、GB 50016—2014《建筑设计防火规范（2018年版）》的有关要求。

7）充电站不应设在有爆炸危险环境场所的正上方或正下方，当与有爆炸危险的建筑物毗邻时，应满足GB 50058—2014《爆炸危险环境电力装置设计规范》的要求。

8）充电站不应设在有剧烈振动或高温的场所，不宜设在多尘、水雾或有腐蚀性气体的场所，当无法远离时，不应设在污染源风向的下风侧。

9）充电站不应设在浴室或其他经常积水场所的正下方，安装电气设备的功能用房不应与上述场所贴邻。

10）充电站不应设在室外地势低洼、易积水的场所和易发生次生灾害的地点。

充电站宜预留一定的备用场地。

2. 充电站的布置

（1）总体布置

1）充电站的总体布置应满足便于新能源汽车的出入及停放，保障站内人员和设施的安全。

2）充电区的入口和出口至少应有两条车道与站外道路连接，充电站应设置缓冲距离或缓冲地带，附设新能源汽车等候充电的停车道，以便于新能源汽车进出。

3）充电区单车道宽度不应小于3.5m，双车道宽度不应小于6m。转弯半径按照新能源汽车类型确定，且不宜小于9m；道路坡度不应大于6%，且坡向站外。

4）充电机应靠近充电区设置，新能源汽车在停车位充电时不应妨碍站内其他车辆的充电与通行。

5）充电区应考虑安装防雨、雪的设施，以保护站内充电设施、方便进站充电的新能源汽车驾乘人员。

（2）电气布置

1）充电站电气设备的布置应遵循安全、可靠、适用的原则，并便于安装、操作、搬运、检修、调试。电气设备的布置应符合GB 50053—2013《20kV及以下变电所设计规范》和GB 50054—2011《低压配电设计规范》的规定。

2）高压开关柜、变压器、低压开关柜、充电机、监控装置等，宜安装在各自的功能房间、设在建筑物的首层，便于运输和安装。

3）低压开关柜与充电机之间、充电机与充电区停车位之间应尽量靠近。

4）当受到建设场地限制时，低压开关柜与充电机可安装在同一房间。或变压器与低压开关柜设置在同一房间，变压器应选用干式，且外壳防护等级不低于IP20。

5）当受到建设场地限制时，变配电设施与充电机可设置在户外组合式成套配电站中，其基础应适当抬高，以利于通风和防水。

6）变压器室不宜与监控室贴邻布置或位于正下方，不能满足时应采取防止电磁干扰措施。

3. 充电站安全防护

（1）消防及安全　充电站的建（构）筑物构件燃烧性能、耐火极限、站内建（构）筑物与站外民用建（构）筑物及各类厂房、库房、堆场、储罐之间的防火间距应满足GB 50016—2014《建筑设计防火规范（2018年版）》的有关规定。充电站电力设备的消防安全要求应满足 DL 5027—2015《电力设备典型消防规程》的有关规定。二级电力用户的充电站宜设置火灾自动报警系统，并应满足 GB 50116—2013《火灾自动报警系统设计规范》的有关规定。充电站应设置灭火剂，灭火剂的选用应能提高灭火的有效性、降低对设备和人员的影响。充电站内应设置消防沙坑（库），消防用沙应保持充足和干燥。电缆在室外进入建筑物内的入口处以及电缆在穿越各房间隔墙、楼板的孔洞在电路敷设完毕后，应采用防火封堵材料进行封堵。充电站防治白蚁的措施应按照国家及地方相关标准执行。

(2) 噪声限值　充电站的噪声限值不应超过 GB 3096—2008《声环境质量标准》的有关规定。

(3) 标志标识　充电站内的各类设备、设施及场所应进行标识，如图 1-42 所示，充电桩应进行标识。所有标识的颜色代码、尺寸、内容等应符合 Q/CSG 10001—2004《变电站安健环设施标准》相关要求。

图 1-42　充电站消防标识

任务实施

一、准备工作

(1) 防护装备　隔离栏、警示牌、绝缘手套、护目镜和安全帽、绝缘鞋。

(2) 实训车辆　比亚迪 E5 纯电动汽车、比亚迪秦混合动力汽车等。

(3) 工具设备　充电桩、充电连接装置等。

(4) 辅助资料　汽车维修手册、教材。

扫一扫

直流充电桩的安装与调试

二、实施步骤

根据任务要求，每 6 个人 1 组，每组选出 1 名组长，组长对小组成员进行任务分配。以小组为单位，根据实训室充电桩的配置，完成以下相关的操作。

扫一扫

交流充电桩的安装与调试

1. 典型纯电动汽车交流充电桩的安装与调试

(1) 安装前准备

1) 充电桩施工图样的学习、核查。

2) 交底培训：安全交底、施工注意事项交底。

3) 安装电工、焊工、起重吊装工和电气调试人员等，按有关要求持证上岗。

4) 施工现场的准备：临时用电、作业现场、作业工具等的准备，如图 1-43 所示。

5）施工方案的制作：施工平面图、施工内容、施工要求、施工小组建设、施工进度表、完工验收等。

（2）线管敷设工艺　线管敷设工艺流程：明管敷设→支吊架加工→支吊架固定点位置测定→支吊架固定→管路敷设与连接→搭铁。

图 1-43　作业现场、作业工具准备

1）明管敷设。不宜敷设在热力管道、热力设备、高压电路的上方，电缆与管道之间无隔板防护时，净距应满足要求。管道穿过不同区域之间的墙、板孔洞处，应采用非燃性材料严密堵塞。管道水平敷设时距离地面的高度一般不低于2.5m，垂直敷设时距离地面1.8m以下部分应采取保护接地措施。

2）支吊架加工。支吊架有一字形、L形和门形。一字形、L形支架可用槽钢、角钢制作，门形吊架可用槽钢、角钢、C形钢制作，载荷轻的桥架，其门形吊架的吊杆可用圆钢制作。支吊架的表面防腐与桥架一致，加工应平直，无明显扭曲。

3）支吊架固定点位置测定及固定。电缆管道支架、托盘等的层间距离应满足载荷要求，同时应能方便地敷设电缆及其固定安置接头。吊装线槽的吊杆直径不应小于6mm。焊在预埋件和允许焊接的钢结构上的支吊架，焊接不少于两个边，必须牢固，焊接处应及时除去焊渣，补漆。

4）管路敷设与连接。这里主要是进行管路暗敷。线管至地下构筑物基础不得小于300mm。线管表面至地面深度不得小于700mm，当位于行车道下时，不宜小于1000mm；电缆管应有不小于0.1%的排水坡度。暗配的导管，埋设深度与建筑物、构筑物表面的距离不应小于15mm。电缆在屋内埋地穿管敷设或电缆穿墙、楼板穿管时，穿管内径不应小于电缆外径的1.5倍。

5）搭铁。搭铁线多采用扁钢、圆钢、铜杆等，当无规定时，搭铁体顶面埋设深度不应小于0.6m，利用线管作搭铁线时，应先焊好搭铁线，有螺纹的管接头处应用跳线焊接，金属电缆桥架及其支吊架全长不小于两处与搭铁（PE）或接零（PEN）干线相连接，非镀锌桥架间连接板的两端跨接铜芯搭铁线，搭铁线最小允许截面积为$4mm^2$，镀锌桥架间连接板的两端不跨接铜心搭铁线，但连接板两端不少于两个有防松螺母或防松垫圈的连接固定螺栓。

（3）设备安装　设备安装工艺流程：基座制作→配电箱（柜）、充电桩搬运→配电箱（柜）、充电桩固定、安装

1）基座制作。基座采用水泥一次浇筑成型，要求基座的每一个面平整无麻面。预埋泄水管，坡度为2%，泄水管内侧加设防鼠网；预埋接地件和预留进、出线孔。在满足地基稳定和变形要求的前提下，当上层地基的承载力大于下层土时，宜利用上层土作持力层。除岩石地基外，基座埋深不宜小于0.5m。

2）配电箱（柜）、充电桩搬运。清扫道路，排除障碍物，保证道路平整畅通。吊装时，应使用设备自设吊环，无吊环时应吊挂四角主要承力处。运输时充电桩应保持水平，禁止倾

斜或倒放，如图1-44所示。

3）配电箱（柜）、充电桩固定、安装。配电箱（柜）的安装分立地安装和挂墙、嵌墙安装，根据设备尺寸进行放线定位，安装要牢固，安装过程中要注意设备的外观、漆层无损伤，不能损伤设备的元器件和线路，保证设备的整洁干净。设备内部的导线接线压接牢固、可靠，二次线接线正确牢固，导线与端子排连接紧密，标示要清晰、齐全。

充电桩安装：充电桩定位，按充电桩外形尺寸进行测量放线定位，把充电桩牢固地安装在做好的基座上，垂直允许偏差为0.15%。充电桩内要保持配线的整齐，回路编号齐全以及标示正确。要注意充电桩安装地点不得有爆炸危险介质，周围介质不含有腐蚀金属的、破坏绝缘的有害气体及电介质。充电桩安装时要做到竖直方向上垂直，水平方向上平整。

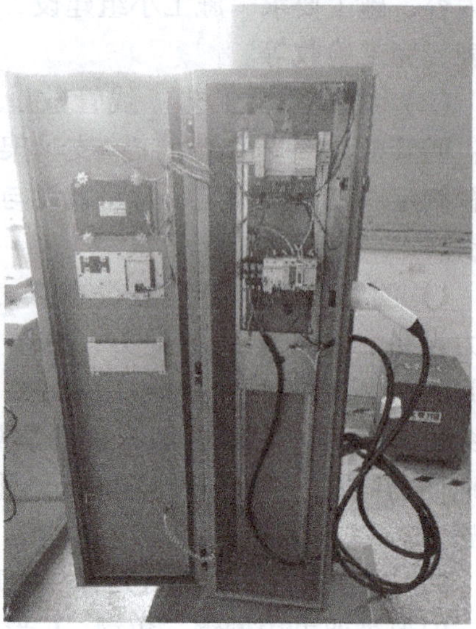
图1-44 充电桩保持水平

（4）导线电缆敷设　电缆敷设工艺流程：电缆敷设→电缆绝缘测试→挂标牌。

1）电缆敷设。电缆在墙体上敷设时，要注意整齐美观，不得影响建筑物的整体外观，保护管固定点间距不得大于1.5m，改变方向时增加保护管固定点间距。电缆敷设完毕后，应及时清除杂物，盖好盖板。必要时，可将盖板缝隙密封。

2）电缆绝缘测试。使用1000V绝缘电阻表进行电缆绝缘测试，绝缘阻值不小于10MΩ。

3）挂标牌。电缆标牌应挂在醒目的地方，标牌上应标识电缆型号规格、大小、电缆来处。

（5）回路接通　电缆终端与接头的制作应严格遵守制作工艺规程，三芯电力电缆在电缆接头处，其电缆铠装、金属屏蔽层应各自有良好的电气连接并相互绝缘；在电缆的终头处，电缆铠装、金属屏蔽层应用接地线分别引出，并应良好接地。

（6）充电桩调试

1）依照电气图接线。包括交流进线、通信线、充电柜与终端之间的连线，如图1-45所示。

2）上电。上电前，先检查接线是否正常，是否出现短路，检查终端接线是否正确。确认接线正确后，就可以上电。

3）上电后。检查柜内元器件运行是否正常，监控器参数设置是否正确，监控器是否有故障。若元器件有故障，则更换；若监控器出现故障，则根据故障原因逐一排除，直到元器件和监控器运行正常。有些故

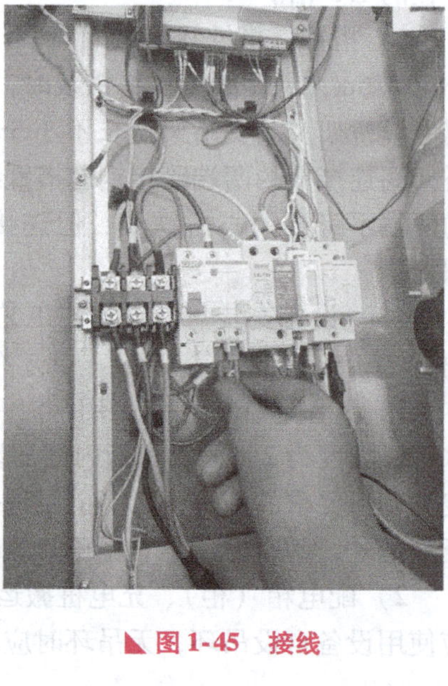
图1-45 接线

障还需要升级程序。

4）充电实验。各个元器件运行正常，监控数据正常，没有其他故障，就可以进行充电实验。充电时，检查充电机是否按照 BMS 需求的电压电流进行充电以及电表的计量功能。

5）完成交付充电。以上的工作完成，调试设备完好后，就可以为客户进行新能源汽车充电了。

扫一扫

充电桩安装调试案例

2. 典型混合动力汽车充电桩的安装与调试

混合动力汽车充电桩的安装与调试过程与纯电动汽车充电桩安装与调试过程大体一致，按照纯电动汽车充电桩安装与调试步骤操作即可完成。

知识拓展

一、充电基本操作流程

1）驾驶人穿戴好绝缘鞋、绝缘手套后进入充电区域。

2）检查充电桩内部设备、充电枪、充电接口外观是否完好，检查车辆仪表各项读数是否正常，询问驾驶人停车前是否有异常。

3）关闭纯电动汽车电源开关（具体参照厂家说明书），开启或唤醒充电桩，操作面板显示正常后，取下充电枪插入车辆充电口。

4）在操作面板上选择充电模式，等待充电指示灯亮起后，观察面板数据，包括充电时间、充电电流、充电电压、SOC 值、充电电量等均为正常状态，并做好记录。

5）充电期间不定期进行巡视，若发现问题或隐患，立即按下红色急停按钮，关闭总电源，及时上报。

6）充电完成或人工停止充电后，等待停止充电指示灯亮，操作面板电流、电压为零时，拔下充电枪，将电缆整理好，放入电缆槽。严禁人工停止充电后立即拔下充电枪，有发生电弧放电的安全隐患，需等待 3 ~5s 后拔下充电枪。

7）充电完毕后，不要立即关闭充电桩电源，无线数据传输需带电运行。

二、突发事件的应急处置

1）充电场所应设置应急组织，建立突发事件应急预案，包括火灾、车辆故障、动力蓄电池破损燃烧爆炸、供电系统故障、人员触电、设备故障、停电和断网等。

2）充电场所内各紧急出口通道应保持畅通。发生灾害时，应能及时采取有效的处置措施，及时疏散人员，并报告有关部门。

3）应急预案应满足统一指挥，分级负责；组织机构健全；人员和物资配备充足；通信畅通；行动迅速、准确等基本要求。应急预案的主要内容包括组织机构、人员、物资、事件等级、报告程序、事故处置方法、快速疏散方法、紧急救护措施、现场保护、清理和善后工作等。

4）应急预案中涉及的应急设备应在指定场所存放，专人负责，定期检查应急预案所需物资的有效性。

5）充电场所应定期进行消防培训和应急演练，全体人员应掌握消防知识，熟知消防器材的位置、性能和使用方法。每半年应至少进行一次应急预案的全员培训和演练，针对演练中的问题修改和完善应急预案。

6）充电场所每月组织一次安全检查，并应根据季节特点和重大节日对充电场所进行专项检查。消防设施和监控器材应由专人定期进行维护，灭火和监控系统应处于完好、有效状态。

7）突发事件的处置应按应急预案的要求进行。

三、充电桩例行检查项目

检查充电桩连接电缆是否正常；检查充电桩固定螺母是否缺失或松动；检查充电桩各高、低压电路有无异常；检查充电桩各种安全标识是否正常；检查充电桩机体有无明显晃动；检查充电桩显示屏是否完好；检查充电桩接插件有无裂痕；检查充电枪是否完好；检查充电场所地网是否可靠，各充电桩接地是否可靠，接地连续性阻值是否小于0.1Ω；检查充电桩各种充电功能是否正常；检查充电桩各存储数据是否正常；检查充电桩各种历史警告数据、故障数据是否存在异常；检查计量计费功能是否正常、精准；检查充电桩指示灯功能是否正常；检查充电桩各种警告、保护功能是否正常；检查充电桩各种通信功能是否正常；检查后台管理软件的各种管理功能是否正常。

学习小结

1）充电桩的安装与调试工作包括安装前准备、设备安装、导线电缆敷设、回路接通、充电桩调试等几个步骤。

2）线管敷设工艺流程：明管敷设→支吊架加工→支吊架固定点位置测定→支吊架固定→管路敷设与连接→搭铁。

3）设备安装工艺流程：基座制作→充电桩搬运→充电桩固定、安装。

自我评估

1. 填空题

1）明敷管道时，穿过不同区域之间的墙、板孔洞处，应采用________严密堵塞。

2）非镀锌桥架间连接板的两端跨接铜芯接地线，接地线最小允许截面积为________。

3）电缆在墙体上敷设时，要注意整齐美观，不得影响建筑物的整体外观，保护管固定点间距不得________，改变方向时增加保护管固定点间距。

2. 判断题

1）充电桩各个元器件运行正常，监控数据正常，没有其他故障，就可以进行充电实验。（ ）

2）上电前不用检查接线是否正常，是否出现短路。（　）

3）在操作面板上选择充电模式，等待充电指示灯亮起后，观察面板数据，包括充电时间、充电电流、充电电压、SOC 值、充电电量等均为正常状态，并做好记录。（　）

3. 不定项选择题

1）接地线多采用扁钢、圆钢、铜杆等，应先焊好接地线，有螺纹的管接头处应用跳线焊接，金属电缆桥架及其支吊架全长不小于两处与＿＿＿＿＿＿相连接。

A. 两线

B. 搭铁（PE）线

C. 接零（PEN）干线

D. 三线

2）电缆绝缘测试时，使用 1000V 绝缘电阻表进行测试，绝缘阻值应＿＿＿＿＿＿。

A. 不小于 5MΩ

B. 不小于 10MΩ

C. 不小于 15MΩ

D. 不小于 20MΩ

项目二 / Project 2

车载充电机的构造与检修

本项目主要学习车载充电机，分为两个任务：任务 1 车载充电机的认知；任务 2 车载充电机的检修。通过两个任务的学习，应能够掌握新能源汽车车载充电机的构造，能对新能源汽车车载充电机故障进行分析。

任务1

车载充电机的认知

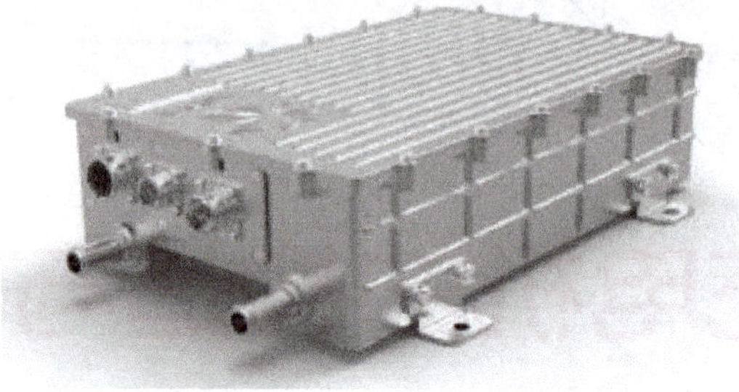

任务情境

任务描述

一辆比亚迪 E5 新能源汽车在充电过程中，出现动力蓄电池继电器正常闭合，但充电机无输出电流的情况。现需要找出原因，完成对这辆比亚迪 E5 进行充电。

任务提示

根据故障现象，这辆车无法充电的原因属于慢充系统常见故障，需要对该车车载充电机相关电路进行检查。要完成这个工作任务需要掌握车载充电机的原理、系统功能和技术要求。

任务目标

知识目标

1. 掌握车载充电机的构造和功能。
2. 掌握车载充电机的技术要求。

能力目标

1. 能够理解车载充电机的工作过程。
2. 能够掌握车载充电机的技术规范。

必备知识

一、车载充电机技术现状

国内车载充电机厂商多达50多家，大部分厂家研发能力较弱，缺乏核心专利和高端研发人才，研发经费投入较少，产品主要面向国内。目前，市场上的乘用车和专用车车载充电机功率主要有3.3kW和6.6kW，效率集中在93%~95%，冷却方式主要是风冷和水冷。客车领域采用“交流快充方式”的额定功率为40~80kW的大功率车载充电机。

国内部分车载充电机企业已进入国外整车企业供应链。德润电子通过控股意大利公司MetaSystem进入标致雪铁龙供应链，被指定为标致雪铁龙新一代纯电动及混合动力车型平台“车载充电机”项目全球供应商，车载充电机采用液体冷却。

随着新能源汽车动力蓄电池的容量增大，若要在6~8h的慢速充电时间内为纯电动汽车充满电，就需要配置功率更大的车载充电机，对兼容不同类型的交流充电桩要求越高。

在纯电动、插电式、增程式乘用车型中存在电机控制器、DC/DC变换器、车载充电机和高压接线盒等，将各部件在整车中合理集成布置拥有多种方式。电机控制器与DC/DC变换器集成，电机控制器与车载充电机集成是功能集成的一种形式，产品研发过程往往由电机控制器厂商主导。DC/DC变换器与车载充电机集成是功能集成的另一种形式，产品研发过程往往由车载电源厂商主导。电机控制器、DC/DC变换器、车载充电机集成是功能集成较为复杂的一种形式，产品研发过程往往由整车企业主导，但在全球范围内成功案例很少。目前车载充电机主要作为独立器件供应新能源汽车，部分车载充电机企业开始供应集成化产品，如图2-1所示。

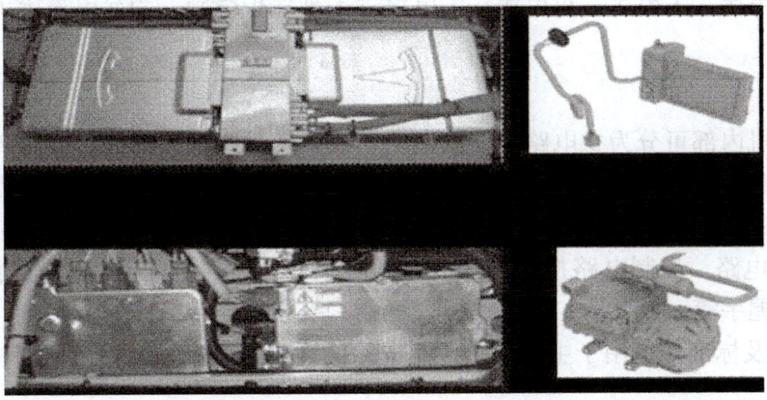

图2-1 车载充电机功能集成化

车载充电机技术发展为新能源汽车的普及起到了推动作用。车载充电机对充电功率、充电效率、重量、体积、成本以及可靠性要求较高。为实现车载充电机的智能化、小型化、轻量化、高效率化，相关的研究与开发工作取得了长足的发展，研究方向主要集中在智能化充电、动力蓄电池充放电安全管理、提高车载充电机效率和功率密度、实现车载充电机的小型化等方面。比亚迪汽车车载充电机如图2-2所示。

图 2-2　比亚迪汽车车载充电机

扫一扫

车载充电机概述

二、车载充电机概述

1. 定义

车载充电机指固定安装在新能源汽车上的充电机，具有为新能源汽车动力蓄电池安全、自动充满电的能力。车载充电机依据蓄电池管理系统（BMS）提供的数据，能动态地调节充电电流或电压参数，执行相应的动作，完成充电过程。

车载充电机安装在新能源汽车上，能通过停车场、车库、家庭住宅等能提供电源地方的充电桩给新能源汽车充电，大大减少了新能源汽车对充电基础设施的依赖。车载充电机可实现高效率、便捷的充电并保护动力蓄电池，基本已成为小型化的纯电动汽车的标准配置。

新能源汽车车载充电机采用高频开关电源技术，主要功能是将交流 220V 市电转换为高压直流电给动力蓄电池进行充电，以保证车辆正常行驶。同时，车载充电机提供相应的保护功能，包括过电压、欠电压、过电流、欠电流等多种保护措施，当充电系统出现异常时及时切断供电。

2. 内部构造

车载充电机内部可分为主电路、控制电路、线束及标准件三部分，如图 2-3 所示。

（1）主电路　前端将交流电转换为恒定电压的直流电，主要是全桥电路 + PFC 电路；后端为 DC/DC 变换器，将前端输出的直流高压电变换为合适的电压及电流供给动力蓄电池。

（2）控制电路　控制电路控制 MOS 管的开关、与 BMS 之间通信、监测车载充电机状态、与充电桩握手等。

（3）线束及标准件　用于主电路及控制电路的连接，固定元器件及电路板。

3. 特点

根据动力蓄电池特性设计充电的曲线，可以延长动力蓄电池的使用寿命；使用方便，维护简单，单独对 BMS 进行供电，由 BMS 控制智能充电，无须人工职守；保护功能齐全，适用范围广，具有过电压、欠电压、过电流、过热、输出短路、反接等保护功能；整机温度保护为 75℃（当机内温度高于 75℃时，车载充电机输出电流变小；高于 85℃时，车载充电机停止输出）。

按照国家汽车行业标准 QC/T 895—2011《电动汽车用传导式车载充电机》的规定，车载充电机的额定输入电压为单相 AC 220V，额定输入电流可分为 3 档，分别是 10A、16A 和

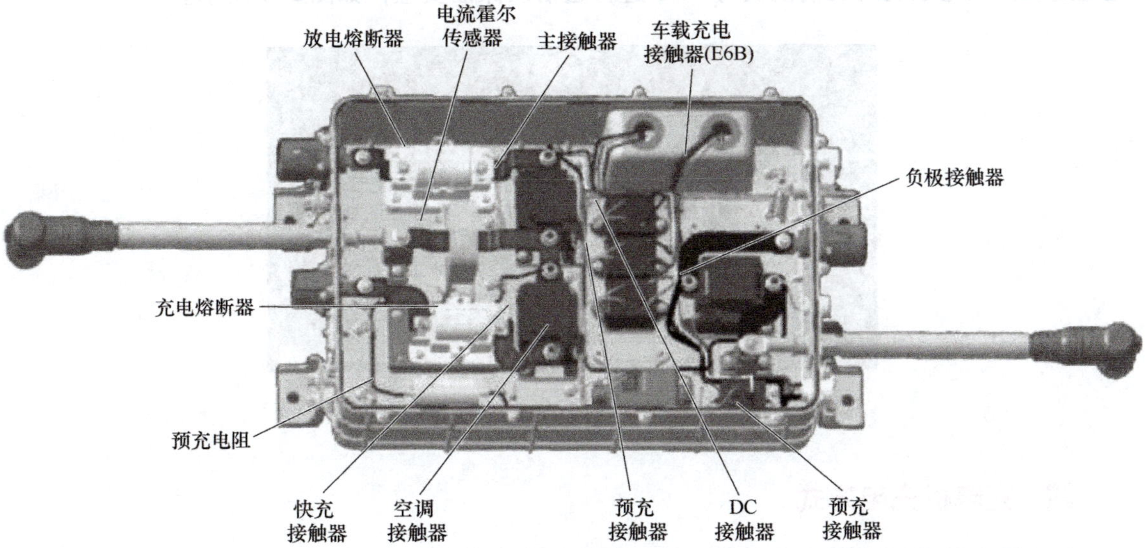

图 2-3　车载充电机内部结构

32A，分别计算额定输入功率就是 2. 2kW、3. 5kW 和 7kW，考虑到车载充电机的最高效率一般为 93% 左右，则其额定输出依次为 2kW、3. 3kW 和 6. 6kW。目前，国内外市场上的车载充电机产品绝大部分隶属于这 3 种功率等级。

三、车载充电机的分类

新能源汽车充电系统有许多分类方法。按照与公共电网是否直接接触，充电系统分为接触式充电系统和感应式充电系统。接触式充电系统具有结构简单、成本较低、电能传输效率高等特点，是目前主流的充电系统。感应式充电系统不需要电源插座或充电电缆，电能通过埋在路面内的充电板无线传送给车内的动力蓄电池从而实现充电，感应式充电系统具有通用性强、操作简单、节约人力成本、节省土地资源等优点，但结构复杂、效率较低、成本较高，目前小范围应用于公交车等公共充电领域。

按照是否安装在车上，充电系统分为车载充电系统和非车载充电系统。车载充电系统安装在车辆内部，具有体积小、冷却和封闭性好、重量轻等优点，但功率普遍较小，充电所耗时间长；非车载充电系统安装在新能源汽车外部，具有规模大、使用范围广、功率大等优点，但体积大、重量大、不易移动，主要适用于新能源汽车的快速充电。

按照充电所耗时间，充电系统分为慢充系统和快充系统，分别对应直流供电和交流供电两种充电模式。慢充系统主要由车辆外部至供电端的线缆、充电接口及线缆、车载充电机、高压线束、高压配电设备、动力蓄电池及其控制器等构成。充电桩或家用交流电源通过车辆接口及线束与车载充电机连接，将交流 220V 电源转换为直流电，给动力蓄电池充电。充电过程由车载充电机与 BMS 之间进行 CAN 通信交互，保证充电过程的安全。相较慢充系统，快充系统架构较为简单，涉及的车端零部件仅为充电接口、快充线束、动力蓄电池及其控制器。快充系统供电设备为充电桩，充电桩内部包含电源模块、计费系统、通信及控制系统、读卡及授权系统等。快充系统将三相 380V 工业电直接转成直流电给动力蓄电池进行充电，充电过程由充电系统的通信模块与 BMS 进行通信以保证安全，如图 2-4 所示。

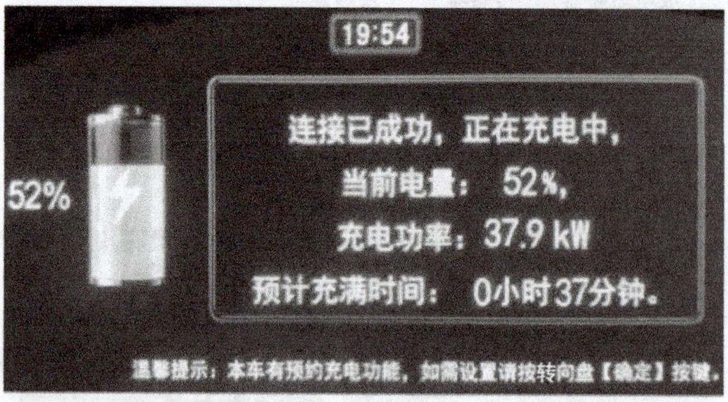

图 2-4　BYD 40kW 快充

四、充电机充电方式

动力蓄电池采用不同的充电方法对动力蓄电池使用寿命会有不同程度的影响，采用适当的充电方式对延长动力蓄电池的使用寿命意义重大。

常见的车载充电机充电方式有恒压充电、直流充电、阶段性充电、脉冲充电等。

1）恒压充电，在整个充电过程中充电电压保持不变，充电电流随着充电时间的增加而逐渐减小，当充电电流小于一定值后停止充电。整个充电过程中能耗较小，能有效地避免动力蓄电池过充电，控制简单，易于操作。但往往待充电动力蓄电池的初始电压值较小，导致充电初期的充电电流很大，过大的电流一方面会造成动力蓄电池极化现象的发生，影响充电速度；另一方面造成动力蓄电池温度迅速提升，严重时容易烧坏动力蓄电池，酿成事故。所以在充电开始阶段，需要对充电电流值进行限制，让动力蓄电池保持在一个可接受的电流范围内充电。车载充电机如图 2-5 所示。

2）直流充电，开始时以恒定的电流为动力蓄电池充电，将要充满时改用恒定的小电流进行浮充充电，用来充足剩余电量和补偿动力蓄电池自放电，当充电电压达到额定电压时停止充电。恒流充电避免了恒压充电电流过大的问题，电流始终被限制在动力蓄电池可接受的范围内。

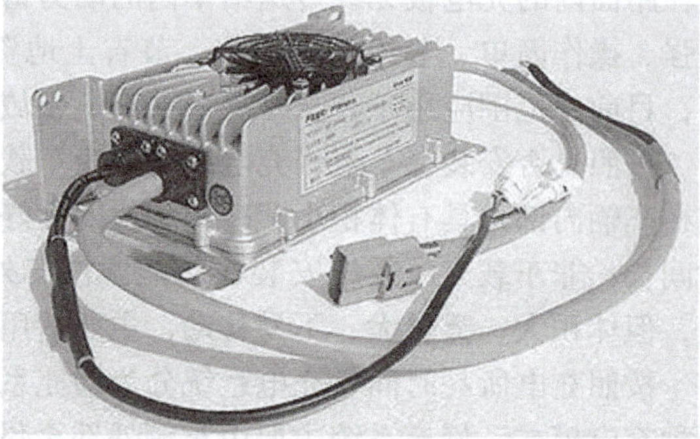

图 2-5　车载充电机

3）阶段性充电，根据实际应用情况可分为两阶段或三阶段充电。第一阶段为恒流充电，用大电流快速给动力蓄电池充电，使动力蓄电池的电压达到一定电压值（根据动力蓄电池电压设定）；第二阶段为恒压充电，用比恒流小一些的电流继续对动力蓄电池充电，降低动力蓄电池的产气量；第三阶段为浮充充电，以涓流给动力蓄电池充电，确保动力蓄电池能够充满，当控制系统检测充电电流小于一定设定值时，结束充电。阶段性充电结合了恒压与恒流充电方式的优点，有利于减少动力蓄电池的极化，避免了过充电和大电流充电冲击。目前，充电大多采用阶段性充电。

4）脉冲充电，采用脉冲充电间歇为动力蓄电池提供充足的休息时间，有利于动力蓄电池内部的活性物充分反应，有效地减少和消除极化现象的发生，并可以采用较大的电流充电，而不必担心动力蓄电池过热，能有效地提高充电效率、缩短充电时间、延长动力蓄电池的使用寿命。正负脉冲充电方式是对脉冲充电方式的改进，整个充电过程中包括正脉冲充电、间歇休息和负脉冲放电。首先进行正脉冲充电，休息一段时间后，对其进行短暂的负脉冲放电。对动力蓄电池短暂的负脉冲放电能有效地去除极化现象的发生，加快动力蓄电池内部的电化学反应，降低动力蓄电池温度，虽然损失了部分电能，但能够使动力蓄电池以较高的充电电流充电，能有效加快充电速度和提高充电效率，延长动力蓄电池的使用寿命。

恒压充电、恒流充电和阶段性充电的充电电压和电流是连续的，没有给动力蓄电池足够的休息时间来消除极化现象，极化可以引起动力蓄电池过热、析气等现象，限制充电速度，严重时影响动力蓄电池的使用寿命。脉冲充电方式和正负脉冲充电方式采用不连续的充电电流，能有效地减少或消除极化现象的发生，加快充电速度和延长动力蓄电池的使用寿命。

五、车载充电机的充电过程及特点

1）车载充电机根据锂离子蓄电池的特性（对电压要求严格，电压过高会导致动力蓄电池过充电甚至动力蓄电池爆炸）而设定充电过程。

2）充电初期，先用小电流对动力蓄电池激活，使得动力蓄电池内部化学反应充分建立起来，为大电流充电做准备。

3）此后进入18A恒流充电阶段。当电压充到400V时，车载充电机减小充电恒流值而不进入稳压阶段，此后继续检测充电电压，当动力蓄电池电压再次达到400V时，充电机再次减小充电电流，反复以上充电过程直到充电电流很小，车载充电机认为动力蓄电池已经充满并关机。

4）车载充电机关机只是关闭充电处于空载状态而不是整机停机。

5）根据动力蓄电池特性设计充电曲线，可以延长动力蓄电池的使用寿命。

6）使用方便，维护简单，智能充电，无须人工职守。

7）保护功能齐全，具有过电压、欠电压、过电流、过热、短路、输出反接等保护功能。

8）直观性强，充电过程和故障采用指示灯指示，能一目了然。

9）采用高频开关技术，使得充电机效率高、体积小、重量轻。

10）车载充电机风扇由45℃温控开关控制，当散热器温度低于45℃时，风扇不转动；当散热器温度高于45℃时，风扇开始转动，可以减少噪声和延长风扇使用寿命。整机温度保护为65℃，当机内温度达到65℃时，车载充电机停止工作，等待散热后，机内温度低于65℃时自动恢复工作。

六、比亚迪E5汽车车载充电机

比亚迪E5汽车的车载充电机集成在高压电控总成内，高压电控总成集成了电机控制器、车载充电器机、DC/DC变换器和高压配电模块、漏电传感器，如图2-6所示。高压电控总成的外部接口示意图如图2-7所示。

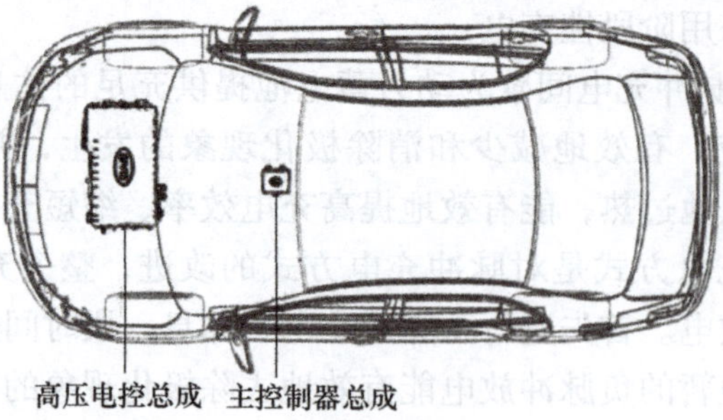

图 2-6　高压电控总成

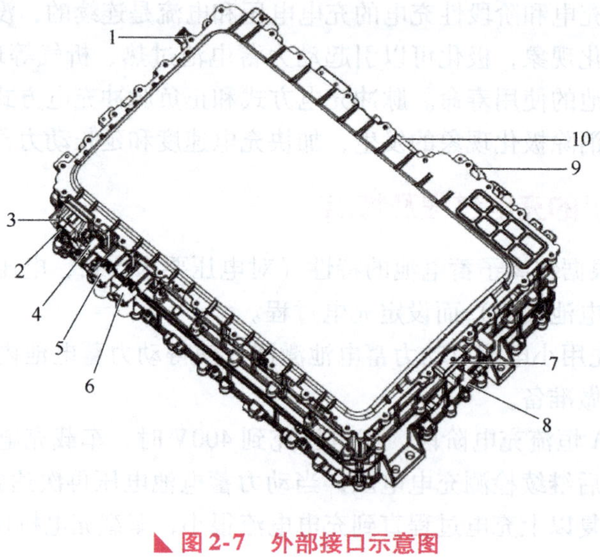

图 2-7　外部接口示意图

1—DC 直流输出接插件　2—33pin 低压信号接插件　3—高压输出空调压缩机接插件　4—高压输出 PTC 接插件　5—动力蓄电池正极母线　6—动力蓄电池负极母线　7—64pin 低压接信号插件　8—入水管　9—交流输入 L1、N 相　10—驱动电机三相输出接插件

七、高压电控总成的主要功能

1）控制高压交/直流电双向逆变、驱动电机运转，实现充、放电功能。

2）将高压直流电转换为低压直流电为整车低压电器系统供电（DC/DC 变换器）。

3）实现整车高压回路配电功能以及高压漏电检测功能（高压配电箱、漏电传感器模块）。

4）CAN 通信、故障处理记录、在线 CAN 烧写以及自检等功能。

八、高压配电箱

高压配电箱由铜排连接片、接触器、霍尔电流传感器、预充电阻，动力蓄电池正、负极输入等组成。接触器由蓄电池管理系统（BMS）控制，控制充放电。

九、漏电传感器

漏电传感器含有 CAN 通信功能，主要监测与动力蓄电池输出相连接的负母线与车身底盘之间的绝缘电阻，以判定高压系统是否存在漏电。漏电传感器将漏电数据信息通过 CAN 信号发送给蓄电池管理系统（BMS）、双向交流逆变式电机控制器（VTOG），采取相应的保护措施，如图 2-8 所示。

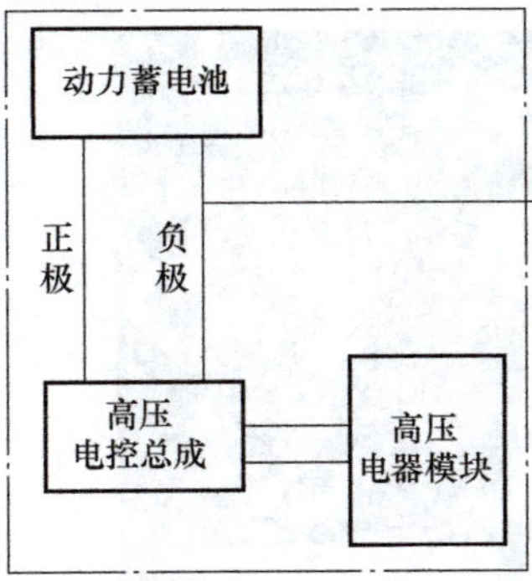

图 2-8　漏电传感器

十、双向交流逆变式电机控制器（VTOG）的主要功能

1. 驱动控制（放电）

采集加速踏板位置、制动、档位、旋变信号等控制驱动电机正向、反向驱动，正、反转发电功能；具有高压输出电压和电流控制限制功能，具有电压跌落、过电流、过温、IPM 过温、IGBT 过温保护、功率限制、转矩控制限制等功能。同时，具备电控系统防盗、能量回馈控制、主动泄放、被动泄放控制功能。车载充电机双向逆变功能如图 2-9 所示。

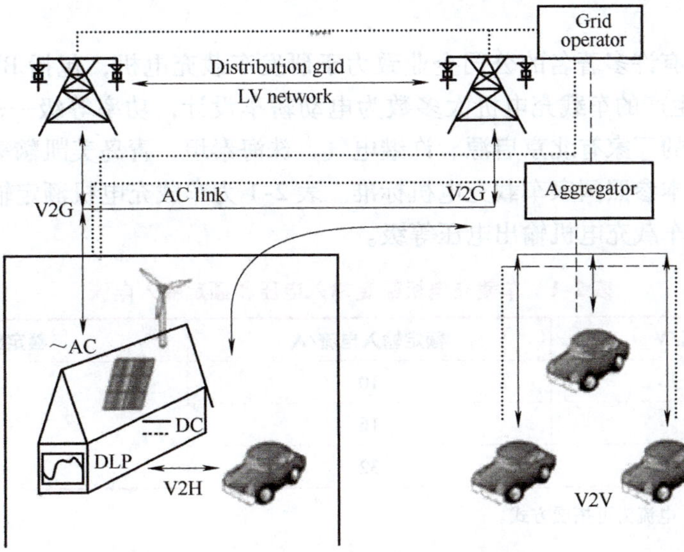

图 2-9　车载充电机双向逆变功能

2. 充电控制

交、直流转换，双向充、放电控制功能；自动识别单相、三相相序并根据充电电流控制

充电方式，根据充电设备识别充电功率，控制充电方式；根据车辆或其他设备请求信号控制车辆对外放电；断电重启功能；在电网断电又供电的时候，可继续充电功能。双向交流逆变式电机控制器如图 2-10 所示。

图 2-10　双向交流逆变式电机控制器

十一、新能源汽车充电设备的研究现状

在国际上，发达国家早已将新能源汽车作为国家重要的战略性产业。美国各州都建立了为新能源汽车充电的充电桩，人们可驾驶新能源汽车行驶在各州而不必担心没有充电设备。

目前，全球已有许多著名的公司企业致力于研发车载充电机，包括 BURUSA、英飞凌、DELPHI 等，它们生产的车载充电机大多数为电动轿车设计，功率等级一般为 2～5kW。国内设计车载充电机的厂家有北京启源、许继电气、珠海泰坦、青岛美凯麟等。这些厂家的车载充电机的设计基本参照国家车载充电机标准。表 2-1 为车载充电机额定输入电压和额定输入电流。表 2-2 为车载充电机输出电压等级。

表 2-1　车载充电机额定输入电压和额定输入电流

额定输入电压/V	额定输入电流/A	额定频率/Hz
单相 220	10	50
单相 220	16	
单相 220	32	

注：三相输入电压、电流为可拓展方式。

表 2-2　车载充电机输出电压等级

输出电压等级	输出电压范围/V	标称输出电压推荐值/V
1	24～65	48
2	55～120	72

（续）

输出电压等级	输出电压范围/V	标称输出电压推荐值/V
3	100～250	144
4	200～420	336
5	300～570	384、480
6	400～750	640

十二、功率因数校正技术的研究现状

车载充电机主要由整流装置和高频电力变换器组成，作为非线性元件它在工作时将会给电网运行带来很大的影响。由于车载充电机充电过程中使用了整流装置，这些整流装置大多采用二极管构成，而二极管整流电路不具有对输入电流的可控性，在工作时会产生大量的谐波，这会给电网带来严重的谐波污染，极大地降低了系统的功率因数。因此，为了抑制和消除谐波对电网的危害，在车载充电机的设计中必须引入 PFC（功率因数校正）电路。一般情况下，根据 PFC 电路结构中是否有开关器件，功率因数校正技术可分为无源功率因数校正和有源功率因数校正。

无源功率因数校正电路主要由二极管整流桥、电感、电容等无源元器件构成。在工作过程中主要通过电感和电容的滤波作用对电路中的电流脉冲进行抑制，从而降低电路在工作工程中产生的高次谐波，进而提高电路的功率因数，提升电路的效率。这种电路的优点很明显，就是电路结构简单，而且无须进行控制即可进行功率因数校正。然而，不可控的功率因数校正技术显然不能为人们所使用，且当电路的输出不是纯阻性负载电路时，功率因数校正根本无法正常工作。因此，无源功率因数校正一般只在很小功率的电路中使用，如图 2-11 所示。

有源功率因数校正技术在无源功率因数校正的基础上加入了可控的开关器件，通过开关管控制电感电流的大小，从而控制输入电流的波形，使之成为正弦波，其相位跟踪输入电压。这种电路通过合理控制，一般电路的谐波含量将非常低，基本上消除了谐波，且功率因数一般能达到 0.99 以上。同时，由于开关器件的可控性，使得电路的输出即使是非阻性负载也能正常工作，彻底解决了电路的谐波污染和功率因数低的问题。因此，有源功率因数校正技术受到了设计师们的青睐，它也被应用在了不同的电路中，如图 2-12 所示。

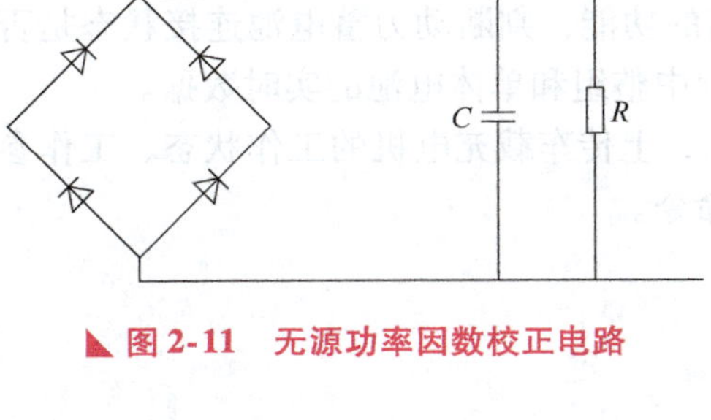

图 2-11 无源功率因数校正电路

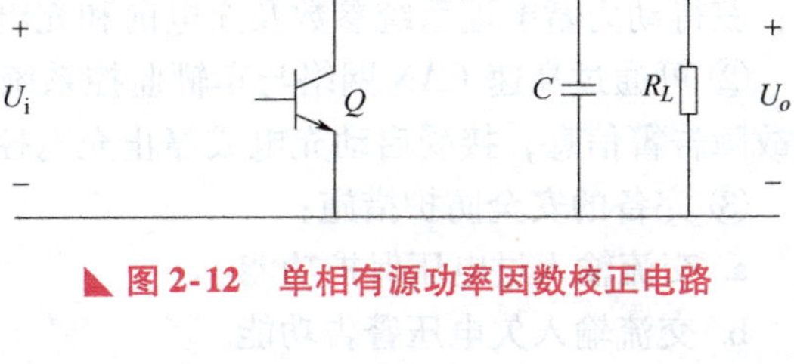

图 2-12 单相有源功率因数校正电路

随着科学技术的发展，功率因数校正的控制策略也层出不穷，传统的模拟控制已经不能满足人们的控制需求，数字控制策略悄然兴起。根据输入电流是否连续，数字型的功率因数校正控制方式有电流断续工作方式和电流连续工作方式两种。电流断续工作方式是纯电压跟踪的方式，纯电压跟踪方式的特点是输入电流的谐波大，输出电压的纹波也大，对功率器件的要求很高，易造成功率器件损毁。在电流连续工作方式中，根据反馈量和被控制量是否为输入电感电流的瞬时值，控制方式可分为直接电流控制和间接电流控制。直接电流控制是将输出电压与给定参考信号的差值与输入电压信号的乘积作为电流控制器的参考量，通过电流控制器来调节输入电感电流的大小。该控制方式由于其控制的电流误差小、动态响应时间短等优点，越来越受到人们的青睐。目前常用的电流控制模式有单周期控制、峰值电流控制、滞环控制和平均电流控制。

单周期控制是一种大信号的 PWM 控制技术，是一种不需要乘法器的控制方法，它通过调节占空比使每个开关周期的开关变量的平均值等于或正比于控制量。峰值电流控制是一种小信号的 PWM 控制技术，它的被控量一般为电感电流的峰值，通过调节占空比使每个开关周期的被控制量跟踪给定值。滞环控制是由电流基准信号产生电流上限值和下限值，构成电流滞环带，使被控电流工作在滞环带区间。平均电流控制是一种小信号的 PWM 控制，和峰值电流不同的是，它的被控量一般为电感电流的平均值，通过调节占空比使每个开关周期的被控质量能够跟踪给定值。

任务实施

一、准备工作

（1）防护装备　隔离栏、警示牌、绝缘手套、护目镜和安全帽、绝缘鞋。

（2）实训车辆　比亚迪 E5 纯电动汽车、比亚迪秦混合动力汽车等。

（3）工具设备　充电桩、充电连接装置等。

（4）辅助资料　汽车维修手册、教材。

二、实施步骤

根据任务要求，每 6 个人 1 组，每组选出 1 名组长，组长对小组成员进行任务分配。以小组为单位，根据实训室的车载充电机配置，完成以下相关的操作：

（1）典型纯电动汽车车载充电机的特点与组成认知

1）认知车载充电机，并观察其结构特点，了解以下功能。

① 具备高速 CAN 网络与蓄电池管理系统通信的功能，判断动力蓄电池连接状态是否正确；获得动力蓄电池系统参数及充电前和充电过程中整组和单体电池的实时数据。

② 可通过高速 CAN 网络与车辆监控系统通信，上传车载充电机的工作状态、工作参数和故障告警信息，接受启动充电或停止充电控制命令。

③ 完备的安全防护措施：

a. 交流输入过电压保护功能。

b. 交流输入欠电压警告功能。

c. 交流输入过电流保护功能。

d. 直流输出过电流保护功能。

e. 直流输出短路保护功能。

f. 输出软启动功能，防止电流冲击。

g. 在充电过程中，车载充电机能保证动力蓄电池的温度、充电电压和电流不超过允许值；具有单体蓄电池电压限制功能，自动根据BMS的动力蓄电池信息动态调整充电电流。

h. 自动判断充电插接器、充电电缆是否正确连接。当车载充电机与充电桩和动力蓄电池正确连接后，车载充电机才能允许启动充电过程；当车载充电机检测到与充电桩或动力蓄电池连接不正常时，立即停止充电。

i. 充电联锁功能，保证车载充电机与动力蓄电池连接分开以前车辆不能起动。

j. 高压互锁功能，当有危害人身安全的高电压时，模块锁定无输出。

k. 具有阻燃功能。

2）查询手册，了解车载充电机输入电压、输出电压、输出电流、输出功率、输出纹波、电压、电流稳定精度、谐波、工作效率、工作状态、保护功能、低压辅助电源、CAN通信界面、安全指标、功率因数、尺寸等参数。

（2）混合动力汽车车载充电机的特点与组成认知

混合动力汽车车载充电机的特点与组成认知过程与纯电动汽车车载充电机大体一致，按照纯电动汽车上述步骤完成即可。

知识拓展

一、车载充电机的技术要求

① 车载充电机和蓄电池管理系统之间能够进行通信，接收动力蓄电池数据，充电过程中应采用适当的方法保证串联电池中的单体蓄电池电压不超过上限。

② 车载充电机应具有面板操作和远程操作功能，车载充电机及其监控系统相连，在监控计算机上能完成除闭合和切断输入电源外的所有功能。

③ 车载充电机应能通过监控网络向监控计算机传送对应蓄电池管理系统发送的数据。

④ 车载充电机应具有故障报警功能，能主动向监控系统发送故障信息。

⑤ 车载充电机应具有输入欠电压、输入过电压、输出短路、动力蓄电池反接、输出过电压、过温、动力蓄电池故障等保护功能。

⑥ 在脱离蓄电池管理系统的情况下，车载充电机应停止充电。

⑦ 车载充电机应提供一条充电电缆连接确认信号。一方面，在充电期间，当充电插头连接到汽车后，汽车控制逻辑可通过此信号来禁止在充电期间汽车驱动系统工作，保证充电安全；另一方面，此确认线与充电线形成闭锁，保证充电人员安全。

⑧ 提供良好的人机界面，完成车载充电机充电过程的闭环控制，并显示故障类型，提供一定的故障排除指示；提供开放式充电过程参数（包括充电模式、充电参数、阶段数）设定功能，并按照参数完成对充电过程的自动控制；当车载充电机的保护系统动作，引起充电过程中断，此时应能显示故障类型，对比较容易排除的故障提供简单的处理方法。

⑨ 整车充电时要为蓄电池管理系统提供所需的直流电源，目前一般取24V/50A。

⑩ 车载充电机的可靠性必须满足一定的指标，综合考虑成本和利用率，建议充电机要保证5年70000～80000h的充电小时数。

⑪ 车载充电机的设计必须充分保证人身安全，其带电部分不可外露，同时保证车体和大地等电位；充电机与充电站接地连接，充电机与车体外壳连接、充电站接地网连接等要可靠方便。

二、国内外研究现状

从世界各国发展形势看，美国能源部牵头实施了EVProject计划，来推广新能源汽车的使用；日本以产业竞争力为第一目标，全面发展混合动力、纯电动、燃料电池3种新能源汽车，研发和产业化均走在世界前列；欧盟以CO_2排放法规为主驱动力，重视发展纯电动汽车。我国把新能源汽车列为战略性新兴产业，经过两个“五年计划”的科技攻关以及北京奥运会、上海世博会、深圳大运会、“十城千辆”计划中25个示范城市建立示范工程的实施，大力推进其产业化应用。2012年4月，《节能与新能源汽车产业发展规划》正式出台，中国仍将以纯电动汽车作为汽车工业转型主方向。

目前，国内外很多企业已经推出了自己的新能源汽车产品。国外的新能源汽车起步较早，早在1997年日本丰田就已经推出了量产型混合动力汽车“PRIUS”，近年新能源汽车更是引起了国外厂家的重视，优质汽车产品大量出现，诸如特斯拉“Models”、宝马“i3”、奔驰“smartfortwo”等。中国新能源汽车重大科技项目的研发开始于2001年，从无到有，技术处于持续进步状态，建立起了具有自主知识产权的新能源汽车全产业链技术体系。多家汽车企业已有自己的新能源汽车推出，例如比亚迪“秦”、奇瑞“eQ”、众泰“知豆”、北汽“E150”、吉利“EV450”等。其中各个厂家都根据自己的不同需要研制适用于自己的充电装置。

当前面向市场的新能源汽车已逐渐由原来的换电模式发展到充电模式，并由慢充发展到了快速充电。虽然各大车企在动力蓄电池性能、规格等方面并未统一，甚至差距很大，但是目前国内外许多学者、机构在动力蓄电池充放电技术以及动力蓄电池应用领域进行了大量的研究，为后续研究奠定了良好的基础。目前国际上主要的充电技术标准主要有日本的CHAdeMO以及欧美（美德）的联合充电系统（Combined Charging System）。目前我国自身的电动汽车充电标准不够完善，为了推动相关产业的发展，有关部门已经出台了《新能源汽车生产企业及产品准入管理规则》《75项新能源汽车标准》等，涵盖了新能源汽车基础通用、整车、蓄电池、电机电控等关键总成、基础设施、充电接口和通信协议等各个领域；明确了新能源汽车的分类和定义，动力性、经济性、安全性的测试方法和技术要求；规定了蓄电池、电机等关键零部件的技术条件，规范了充电基础设施建设，统一了车与设施之间的充电接口和通信协议。但是，对充电时的电流、电压、功率等细节并未做出详尽要求。

学习小结

1）车载充电机指固定安装在新能源汽车上的充电机，具有为新能源汽车动力蓄电池安全、自动充满电的能力。车载充电机依据蓄电池管理系统（BMS）提供的数据，能动态地调节充电电流或电压参数，执行相应的动作，完成充电过程。

2）车载充电机内部可分为主电路、控制电路、线束及标准件三部分。

3）“车载充电机”英文为Off-board Charger。

自我评估

1. 填空题

1）新能源汽车车载充电机采用____________技术，主要功能是将交流220V市电转换为____________给动力蓄电池进行充电，保证车辆正常行驶。

2）车载充电机主电路前端将交流电转换为____________，主要是全桥电路+PFC电路。后端为____________，将前端输出的直流高压电变换为合适的____________供给动力蓄电池。

3）常见的车载充电机充电方式有____________、____________、____________、____________等。

2. 判断题

1）根据动力蓄电池特性设计充电的曲线，可以延长动力蓄电池的使用寿命，使用方便，但维护复杂。（　　）

2）直流充电开始时以恒定的电流为动力蓄电池充电，将要充满时，改用恒定的小电流进行浮充充电，用来充足剩余电量和补偿动力蓄电池自放电，当充电电压达到额定电压时停止充电。（　　）

3）“车载充电机”英文为Off-board Charger。（　　）

3. 不定项选择题

1）____________的电压和电流是连续的，没有给动力蓄电池足够的休息时间来消除极化现象，极化可以引起动力蓄电池过热、析气等现象，限制充电速度，严重时影响动力蓄电池使用寿命。

A. 恒压充电

B. 恒流充电

C. 阶段性充电

D. 脉冲充电

2）新能源汽车充电系统有许多分类方法，按照充电系统与公共电网是否直接接触可分为____________。

A. 接触式充电系统

B. 感应式充电系统

C. 车载充电系统

D. 非车载充电系统

任务 2

车载充电机的检修

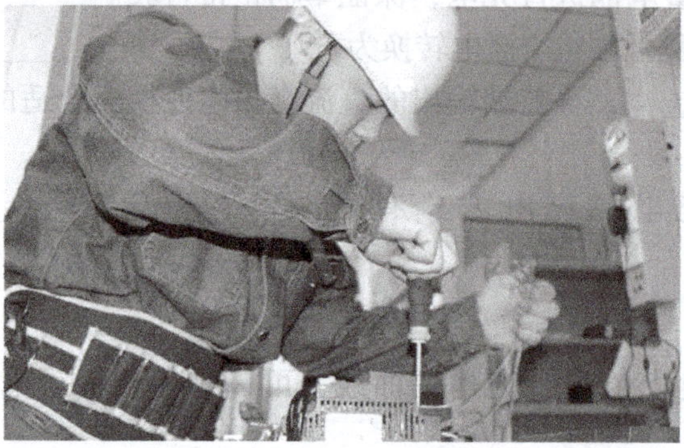

任务情境

任务描述

一辆比亚迪 E5 新能源汽车在充电过程中，出现动力蓄电池继电器正常闭合，但车载充电机无输出电流的情况。现需要找出原因，完成对这辆比亚迪 E5 汽车进行充电的任务。

任务提示

根据故障现象，这辆汽车无法充电的原因属于慢充系统常见故障，需要对该车车载充电机相关电路进行检查。要完成这个工作任务需要掌握车载充电机的原理及检修流程。

任务目标

知识目标

1. 掌握车载充电机的构造和功能。
2. 掌握车载充电机的技术要求。

能力目标

1. 能够理解车载充电机的工作过程。
2. 能够掌握车载充电机的检修流程。

必备知识

一、车载充电机的拓扑结构

通过对车载充电机的工作性能进行分析，目前普遍采取的拓扑结构有 AC/DC 和 AC/DC/DC 两种变换结构。

1. AC/DC 变换结构

图 2-13 为 AC/DC 变换结构框图，其将电网中的交流电经过整流、滤波、降压后变成满足负载充电要求的高纹波直流电，对动力蓄电池损耗较大。但是，按照输入电压与输出电压的连接方式进行分类，其有隔离、非隔离型两种。由于非隔离型中 AC/DC 没有电气隔离，考虑到使用者的人身安全，在实际运用中很少被采用；隔离型 AC/DC 变换器是在非隔离型 AC/DC 的基础上添加了隔离变压器，从而实现输入电压与输出电压之间的隔离，并且可以通过调节变压器变比来得到负载所需要的充电电压。对现有 AC/DC 隔离型变换器的拓扑结构进行归纳，大概有 5 种，但由于其不能满足车载充电机宽输出电压的特点，而且很难达到高功率因数，输入电流谐波小、整机效率高等要求，在现实应用设计中几乎不被考虑。

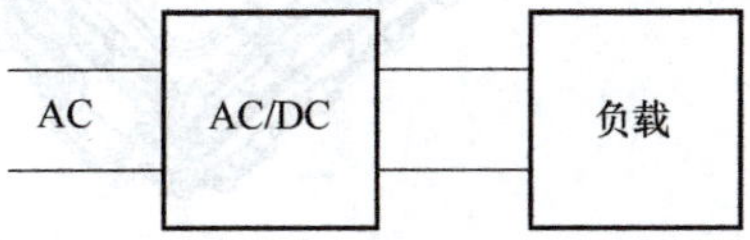

图 2-13　AC/DC 变换结构

2. AC/DC/DC 变换结构

图 2-14 为 AC/DC/DC 变换结构框图，其由 AC/DC 和 DC/DC 两部分组成，先将输入的电网交流电经整流、滤波、升压后变成稳定的直流高电压，在通过移相隔离型全桥逆变后经整流、滤波生成满足动力蓄电池充电曲线的高精度低纹波直流电。前级 AC/DC 模块采用 Boost 型 APFC（Active Power Factor Correction，APFC）有源功率因数校正电路，实现输入电流跟踪输入电压，提高功率因数 PF（Power Factor，PF）和降低输入电流中的谐波含量 THD（Total Harmonic Distortion，THD）对电网的影响，并为后级电路提供稳定的高压直流电。后级 DC/DC 模块采用隔离式移相全桥 ZVS-PWM（Zero Voltage Switch，ZVS）逆变电路，为动力蓄电池提供一个宽输出电压范围、低纹波的高质量直流电。

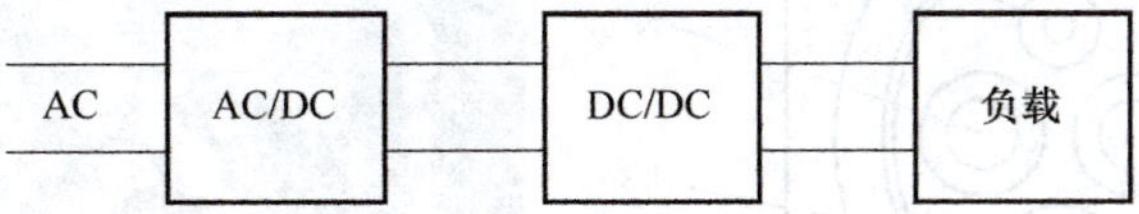

图 2-14　AC/DC/DC 变换结构框图

二、比亚迪 E5 充电系统

1. 慢充系统的组成

慢充系统主要由慢充桩-充电线、慢充口、慢充线束、车载充电机、高压控制盒、动力蓄电池等组成。高压电控总成如图 2-15 所示。

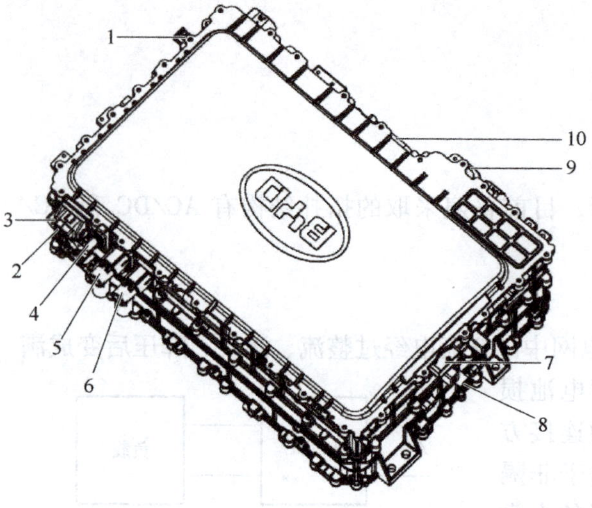

编号	部　件
1	DC 直流输出接插件
2	33pin 低压信号接插件
3	高压输出空调压缩机接插件
4	高压输出 PTC 接插件
5	动力蓄电池正极母线
6	动力蓄电池负极母线
7	64pin 低压接信号插件
8	入水管
9	交流输入 L1，N 相
10	驱动电机三相输出接插件

▶图 2-15　高压电控总成

2. 充电流程

目前，比亚迪 E5 新能源汽车的慢充口大多数在传统汽车的加油口位置，用于连接慢充桩-充电线。当充电口盖板打开时，仪表充电指示灯应常亮；当关闭充电口盖板时，仪表充电指示灯应熄灭。如果充电口盖板出现问题，车辆无法正常起动。

▶图 2-16　慢充线束

连接慢充口与车载充电机之间的线束。其作用为将慢充桩输入的 220V 交流电输送到车载充电机。慢充线束的一端接车载充电机，另一端为慢充口。慢充线束如图 2-16 所示。

3. 慢充接口

比亚迪 E5 新能源汽车的慢充口如图 2-17 所示。

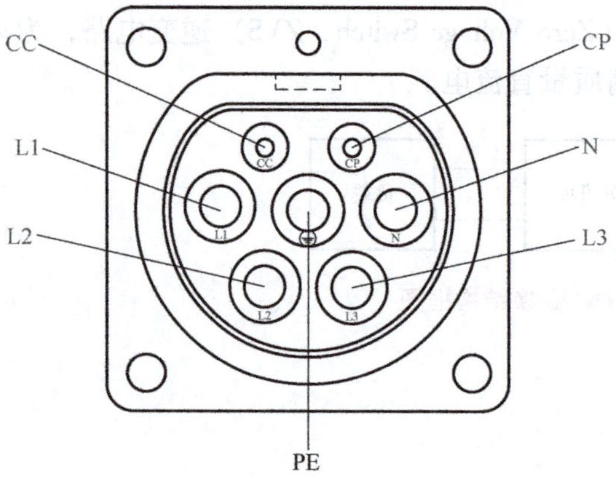

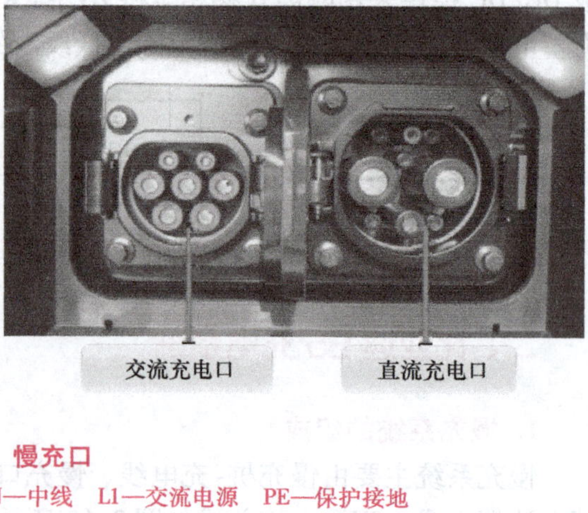

▶图 2-17　慢充口

CP—慢充控制确认　CC—慢充连接确认　N—中线　L1—交流电源　PE—保护接地

L2—交流电源　L3—交流电源

车载充电机的作用是将输入的220V交流电转换为动力蓄电池所需的290~410V高压直流电，以实现动力蓄电池电量的补给，工作过程中需要协调充电桩、BMS等部件。

4. 车载充电机低压控制端

比亚迪E5新能源汽车的车载充电机低压控制端引脚如图2-18所示。其中，引脚1：新能源CAN-L；引脚2：新能源CAN-GND；引脚5：高、低压互锁信号，接空调压缩机控制器T6k/3引脚；引脚8：动力蓄电池负极GND；引脚9：新能源CAN-H；引脚11：CC信号输出，接VCU T121/36引脚；引脚13：高低压互锁信号，接高压控制盒T12/11引脚；引脚15：12V慢充唤醒信号；引脚16：12V常电，经由FB02熔丝供电；其他脚：空。

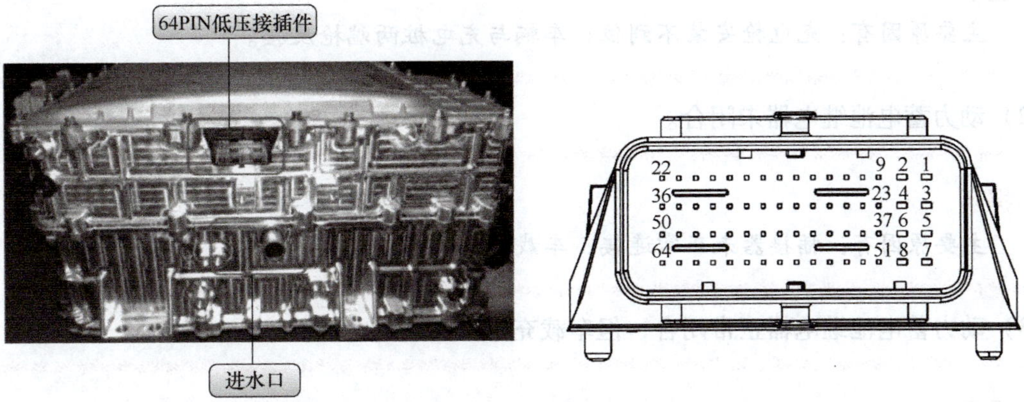

引脚号	端口名称	端口定义	线束接法
1	+12V0	外部提供ON档电源	双路电
2	+12V1	外部提供常相电	常电
4	+12V0	外部提供ON档电源	双路电
6	GND	加速踏板深度屏蔽地	车身地
7	GND	外部电源地	车身地
8	GND	外部电源地	车身地
10	GND	巡航地	空
11	GND	充电枪温度1地	充电口
12	MES-BCM	BCM充电连接信号	BCM
13	NET-CC	充电控制信号1	充电口
14	CRUISE-IN	巡航信号	转向盘
15	STATOR-T-IN	电机绕组温度	电机
16	CHAR-TEMP1	充电枪座温度信号1	充电口
17	DC-BRAKE1	制动踏板深度1	制动踏板
18	DC-GAIN2	加速踏板深度2	加速踏板
19	MES-BMS-OUT	BMS信号	BMS
26	GND	动力网CAN信号屏蔽地	充电口
29	GND	电机模拟温度地	电机
31	DC-BRAKE2	制动踏板深度2	制动踏板
32	DC-GAIN1	加速踏板深度1	加速踏板
33	DIG-YL1-OUT	预留开关量输出1	空
34	DIG-YL2-OUT	预留开关量输出2	空
35	HAND-BRAKE	驻车制动信号	预留

引脚号	端口名称	端口定义	线束接法
37	GND	制动踏板深度屏蔽地	
38	+5V	制动踏板深度电源1	制动踏板
39	+5V	加速踏板深度电源2	加速踏板
40	+5V	加速踏板深度电源1	加速踏板
41	+5V	制动踏板深度电源2	制动踏板
43	SWITCH-1	预留开关量输入1	空
44	/	车内插座触发信号	空
45	GND	旋变屏蔽地	电机
47	NET-CP	充电确认信号	充电口
49	CANH	动力网CAN-H	动力网CAN-H
50	CANL	动力网CAN-L	动力网CAN-L
51	GND	制动踏板深度电源地1	制动踏板
52	GND	加速踏板深度电源地2	加速踏板
54	GND	加速踏板深度电源地1	制动踏板
55	GND	制动踏板深度电源地2	制动踏板
56	SWITCH-2	预留开关量输入2	空
57	FEET-BRAKE	制动信号	制动踏板
59	/EXCOUT	励磁－	电机
60	EXCOUT	励磁+	电机
61	COS+	余弦+	电机
62	COS−	余弦−	电机
63	SIN+	正弦+	电机
64	SIN−	正弦−	电机

图2-18　车载充电机低压控制端引脚

5. 指示灯

比亚迪 E5 新能源汽车慢充系统几种指示灯的含义如下。POWER 灯：电源指示灯，当接通交流电后该指示灯亮。RUN 灯：充电指示灯，当车载充电机接通动力蓄电池进入充电状态后该指示灯亮。FAULT 灯：报警指示灯，当车载充电机内部有故障时该指示灯亮。

6. 慢充系统常见故障排除

（1）常见故障

1）充电桩显示车辆未连接。

> **小提示**
>
> 主要原因有：充电枪安装不到位；车辆与充电桩两端枪反接。

2）动力蓄电池继电器未闭合。

> **小提示**
>
> 主要原因有：插接器未正常连接；车载充电机输出唤醒不正常。

3）动力蓄电池继电器正常闭合，但车载充电机无输出电流。

> **小提示**
>
> 主要原因有：车端充电枪未连接到位；高压熔丝熔断；高压插接器及线缆未正确连接。

（2）故障排除思路

1）电路连接情况。如图 2-19 所示，检查充电桩-充电线、慢充口、慢充线束、车载充电机、高压控制盒、动力蓄电池之间的电路连接是否良好。

图 2-19　电路连接情况

2）检查低压供电及唤醒信号是否正常。检查车载充电机指示灯状态，如果 3 个灯都不亮，表示没有电源输入，分别检查熔丝、充电线、慢充口、慢充线束是否正常。若正常，更换车载充电机。检查车载充电机的 12V 电源及慢充唤醒信号是否正常，高压控制盒内的车载充电机熔断器是否损坏，动力蓄电池 12V 唤醒信号是否正常，整车控制器、动力蓄电池等部件的新能源 CAN 线是否正常；动力蓄电池低压控制端搭铁及 VCU 控制搭铁是否正常。

3）检查高压电路是否正常。如果低压电路正常，充电仍无法完成，逐步检查充电线、慢充线束、车载充电机、高压控制盒、动力蓄电池之间的高压电是否正常，是线束故障还是部件故障。

4）使用故障诊断仪检查。使用故障诊断仪分别检查动力蓄电池及车载充电机的工作状态，对数据进行分析，找出故障所在。

（3）“车载充电机与充电桩连接故障”的排除

1）检查慢充桩与慢充口连接是否良好。检查车载充电机，发现3个指示灯都不亮。分别测量充电线桩端充电枪的N、L、PE、CP、CC脚和车辆端的N、L、PE、CP、PE脚是否导通，若不导通，则修复或更换充电线总成。测量充电线车辆端充电枪的CC脚和PE脚的阻值，16A充电线阻值应为680±3%Ω，32A充电线阻值应为220±3%Ω。若阻值与标准值不符，则修复或更换充电线总成。

2）检查慢充口与车载充电机连接是否良好。排除充电桩-充电线故障后，起动充电，车载充电机指示灯仍旧都不亮，检查慢充线束及车载充电机。

检查插件端子无烧蚀、虚接现象；分别测量充电口L、N、PE、CC、CP脚与充电线束车载充电机插件1、3、5、6脚是否导通，若不导通，则修复或更换慢充线束总成；慢充线束检查完毕，恢复好进行充电测试，如果车载充电机的指示灯还都不亮，则更换车载充电机。该车更换车载充电机后，充电正常，故障排除。

任务实施

一、准备工作

（1）防护装备　隔离栏、警示牌、绝缘手套、护目镜和安全帽、绝缘鞋。

（2）实训车辆　比亚迪E5纯电动汽车、比亚迪秦混合动力汽车等。

（3）工具设备　充电桩、充电连接装置等。

（4）辅助资料　汽车维修手册、教材。

二、实施步骤

车载充电机维修案例

根据任务要求，每6个人1组，每组选出1名组长，组长对小组成员进行任务分配。以小组为单位，根据实训室的车载充电机配置，完成以下相关的操作：

1）电源置于OFF位。

2）连接充电枪，准备充电。

3）用万用表检查BMS接插件BMC 02与车身接地值。

直流充电正、负极接触器电源脚与车身接地正常电压值为11～14V。

直流充电接触器控制脚与车身接地正常电阻值应小于1Ω。

4）断开充电枪。

5）拔下BMS接插件，将直流充电正、负极接触器控制脚与车身地短接，将吸合充电正、负极接触器。

6）用万用表测量充电口DC+与DC−之间的电压，正常值应约为650V。

知识拓展

一、慢充系统的工作原理（图 2-20）

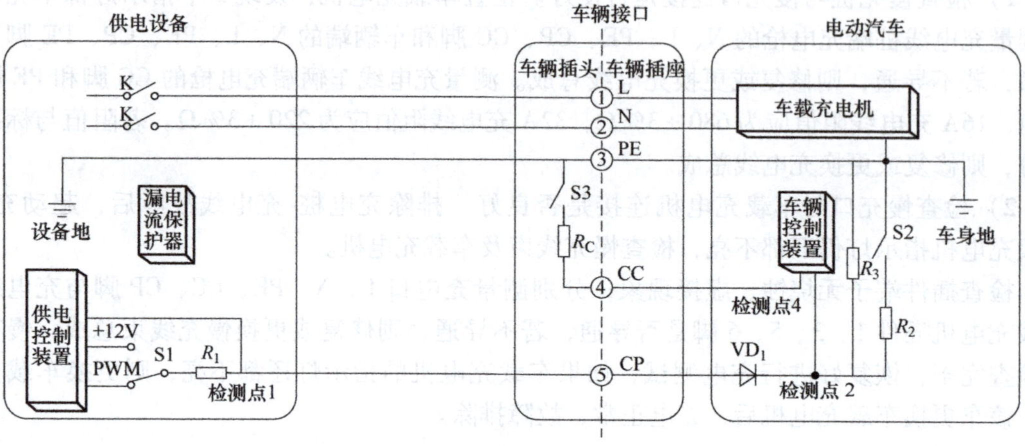

图 2-20　慢充系统的工作原理

1）当车辆插头与车辆插座插合后，充电桩通过测量检测点 4 电压值来判断供电插头与插座是否完全连接，车辆控制装置通过测量 R_C 电阻值来确认车辆接口是否完全连接（CC 检测）。

2）如果充电桩无故障，并且供电接口已完全连接，则 S1 从 +12V 连接状态切换至 PWM 连接状态，充电桩控制装置发出 PWM 信号。充电桩通过检测点 1 的电压值来判断充电装置是否完全连接。车辆控制装置通过测量检测点 2 的 PWM 信号，判断充电连接装置是否已完全连接（CP 检测）。

3）在车载充电机（OBC）自检没有故障，并且动力蓄电池处于可充电状态时，车辆控制装置闭合 S2。

4）当新能源汽车和充电桩建立电气连接后，车辆控制装置通过判断检测点 2 的 PWM 信号占空比确认供电设备的最大可供电能力，并且通过判断 R_C 电阻值来确认电缆的额定容量。车辆控制装置对充电桩当前提供的最大供电电流值、车载充电机的额定输入电流值及电缆的额定容量进行比较，将其最小值设定为车载充电机当前最大允许输入电流，当设置完成后，车载充电机开始对新能源汽车充电。

5）充电枪连接通过车载充电机反馈到整车控制器 VCU，再唤醒仪表显示连接状态（负触发）；车载充电机同时唤醒整车控制器 VCU 和动力蓄电池 BMS（正触发），VCU 唤醒仪表启动显示充电状态（负触发）；动力蓄电池正、负主继电器由 VCU 发出指令由 BMS 控制闭合。

6）慢充系统启动，充电桩提供交流供电，辅助蓄电池唤醒整车控制系统，动力蓄电池 BMS 检测充电需求并给车载充电机发送工作指令，动力蓄电池继电器闭合，车载充电机开始工作，进行充电，当动力蓄电池检测充电完成后，BMS 给车载充电机发送停止指令，车载充电机停止工作，动力蓄电池继电器断开，充电结束。

二、车载充电机常见故障

1）12V 低压供电异常。当车载充电机 12V 模块异常时，BMS、仪表等由于没有唤醒信号唤醒，无法与车载充电机进行通信。

小提示

判断方式：当 12V 未上电，最简单的判断方式就是交流上电时，动力蓄电池没有发出继电器闭合的声音，一般都是 12V 异常。需要检查低压熔丝盒内充电唤醒的熔丝及继电器以及车载充电机端子是否出现退针的情况。

2）车载充电机检测的动力蓄电池电压不满足要求。在充电过程中，BMS 可以正常工作，但车载充电机工作开始前需要检测动力蓄电池电压，当动力蓄电池电压在工作范围内，车载充电机可以正常工作，否则车载充电机认为动力蓄电池不满足充电的要求。

小提示

判断方法：此情况常见的为高压插件端子退针或高压熔丝熔断，或者动力蓄电池电压超出工作范围。

3）车载充电机检测与充电桩握手不正常。车载充电机工作过程中会检测与充电桩之间的握手信号，当判断 CC 的开关断开，车载充电机认为此时将要拔掉充电枪，会停止工作，防止带电插拔，延长充电枪端子的使用寿命。当充电枪未插到位时，可能出现此情况，如图 2-21 所示。

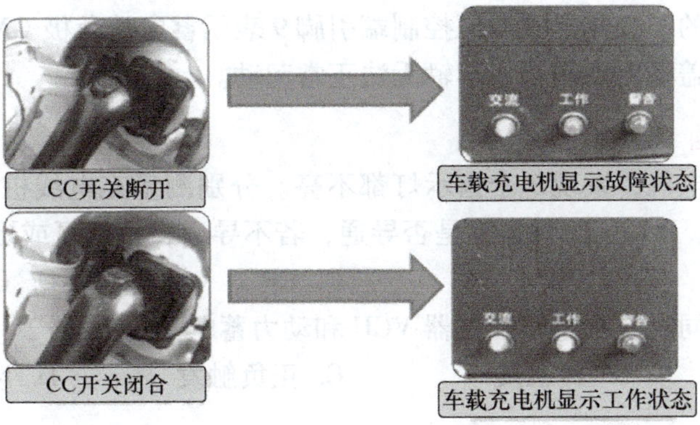

图 2-21　故障状态显示

4）充电桩输入电压正常，由于施工时电源线不符合标准所引起的无法充电故障。车辆在低温环境下，充电桩开始时与车载充电机连接正常，由于车辆动力蓄电池低温下需将单体蓄电池加热至 0～5℃时，才能进行正常充电，加热过程时，负载较小，电压下降并不多，进入充电过程时，负载加大，输入电压下降，充电桩为车载充电机提供的电源电压低于

187V 时，车载充电机无法正常工作，车载充电机停止工作后，负载减小，测量时电压恢复正常。这种情况一定要在车载充电机进入充电过程时测量当时准确电压，来找到故障所在。

学习小结

1）慢充系统主要由慢充桩-充电线、慢充口、慢充线束、车载充电机、高压控制盒、动力蓄电池等组成。

2）车载充电机的作用是将输入的 220V 交流电转换为动力蓄电池所需的 290～410V 高压直流电，以实现动力蓄电池电量的补给，工作过程中需要协调充电桩、BMS 等部件。

3）POWER 灯：电源指示灯，当接通交流电后该指示灯亮。RUN 灯：充电指示灯，当车载充电机接通动力蓄电池进入充电状态后该指示灯亮。FAULT 灯：报警指示灯，当车载充电机内部有故障时该指示灯亮。

自我评估

1. 填空题

1）慢充线束的一端接____________，另一端为____________。

2）车载充电机的作用是将输入的____________交流电转换为动力蓄电池所需的____________高压直流电，实现动力蓄电池电量的补给。

3）____________：报警指示灯，当车载充电机内部有故障时该指示灯亮。

2. 判断题

1）比亚迪 E5 新能源汽车的慢充口中，CP 表示慢充控制确认线，CC 表示慢充连接确认线。 （　　）

2）新能源汽车的车载充电机低压控制端引脚 9 表示蓄电池负极 GND。 （　　）

3）如果充电口盖板出现问题，车辆无法正常起动。 （　　）

3. 不定项选择题

1）检查车载充电机，发现 3 个指示灯都不亮。分别测量充电线桩端充电枪的________脚和车辆端的 N、L、PE、CP、PE 脚是否导通，若不导通，则修复或更换充电线总成。

A. N 和 L　　B. PE　　C. CP　　D. CC

2）车载充电机同时唤醒整车控制器 VCU 和动力蓄电池 BMS 属于_____。

A. 正触发　　B. 负触发　　C. 正负触发　　D. 废触发

项目三 Project 3

DC/DC变换器的构造与检修

本项目主要学习新能源汽车 DC/DC 变换器的基本知识与检修过程，分为两个任务：任务 1 DC/DC 变换器的认知；任务 2 DC/DC 变换器的检修。通过两个任务的学习，应能全方位地认识 DC/DC 变换器的基本知识以及检修过程。

任务1

DC/DC 变换器的认知

任务情境

任务描述

你作为一名新能源汽车售后服务顾问，客户需要你向他详细介绍 DC/DC 变换器的相关知识，你能完成这个任务吗？

任务提示

根据任务描述，需要掌握 DC/DC 变换器的结构与工作原理。

任务目标

知识目标

1. 能了解 DC/DC 变换器的功能。
2. 能掌握 DC/DC 变换器的构造与工作原理。

能力目标

能够进行 DC/DC 变换器的认知。

必备知识

一、DC/DC 变换器的概念

DC（Direct Current）表示的是直流电源，例如干电池或车载蓄电池。家庭用的220V 电源是交流电源（AC）。

若通过一个变换器能将一个直流电压（如330V）转换成其他的直流电压（如42V 或12V），我们称这个变换器为DC/DC 变换器，或称之为开关电源或开关调整器。

二、DC/DC 变换器的组成

DC/DC 变换器一般由控制芯片、电感线圈、二极管、晶体管、电容器构成。在讨论DC/DC 变换器的性能时，如果针对控制芯片，是不能判断其优劣的。其外围电路的元器件特性和基板的布线方式等，能改变电源电路的性能，因此应进行综合判断。DC/DC 变换器内部结构如图3-1 所示。

图3-1　DC/DC 变换器内部结构

三、DC/DC 变换器的功能

DC/DC 变换器将高压直流电变换成低压14V 直流电供整车的低压负载使用，且可以对辅助蓄电池进行充电，如图3-2 所示。

在各种新能源汽车中，DC/DC 变换器主要实现下列功能：

1）不同电源之间的特性匹配。例如，以燃料电池新能源汽车为例，一般采用燃料电池组和动力蓄电池的混合动力系统结构。在能量混合型系统中，采用升压DC/DC 变换器；在功率混合系统中，采用双向DC/DC 变换器。

2）驱动直流电机。在小功率直流电机驱动的转向、制动等辅助系统中，一般直接采用DC/DC 变换器供电。

3）给辅助蓄电池充电。

四、DC/DC 变换器的工作原理

DC/DC 变换器是对原直流电进行脉冲宽度调制改变占空比来控制输出有效电压的大小的。脉冲宽度调制（Pulse Width Modulation，PWM）简称脉宽调制，是一种模拟控制方式，根据相应载荷的变化来调制晶体管栅极或基极的偏置，从而实现开关稳压电源输出晶体管或晶体管导通时间的改变。这种方式能使电源的输出电压在工作条件变化时保持恒定，是利用微处理器的数字输出来对模拟电路进行控制的一种非常有效的技术。

脉冲宽度调制（PWM）是一种对模拟信号电平进行数字编码的方法。通过高分辨率计

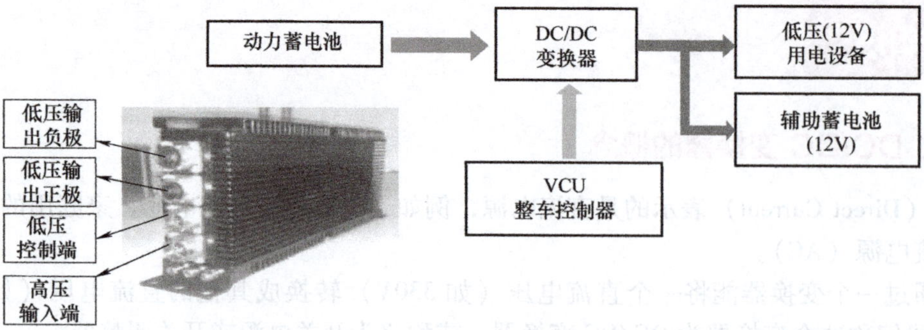

图 3-2　DC/DC 变换器的功能图

数器的使用，方波的占空比被调制用来对一个具体模拟信号的电平进行编码。PWM 信号仍然是数字的，因为在给定的任何时刻，满幅值的直流供电要么完全有（ON），要么完全无（OFF）。电压或电流源是以一种通（ON）或断（OFF）的重复脉冲序列被加到模拟负载上去的。通的时候即是直流供电被加到负载上的时候，断的时候即是供电被断开的时候。只要带宽足够，任何模拟值都可以使用 PWM 进行编码，如图 3-3 所示。

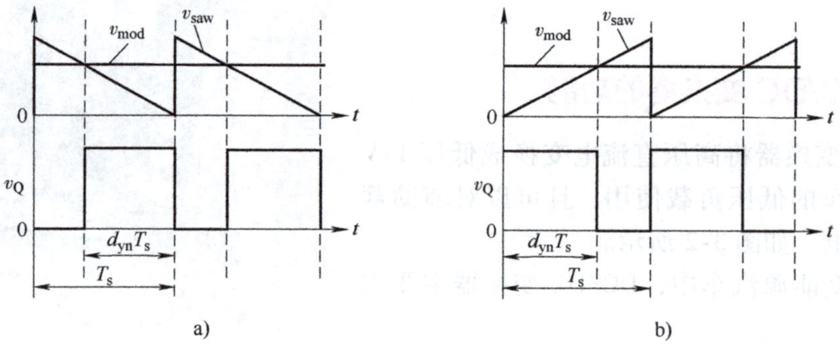

图 3-3　脉冲宽度调制（PWM）方式
a）前沿调制方式　b）后沿调制方式

PWM 的一个优点是从处理器到被控系统信号都是数字形式的，无须进行数模转换。让信号保持为数字形式可将噪声影响降到最小。噪声只有在强到足以将逻辑 1 改变为逻辑 0 或将逻辑 0 改变为逻辑 1 时，才能对数字信号产生影响。DC/DC 工作原理图如图 3-4 所示。

五、DC/DC 变换器调制方式

1. PFM（脉冲频率调制）

开关脉冲宽度一定，通过改变脉冲输出的频率，使输出电压达到稳定。

2. PWM（脉冲宽度调制）

开关脉冲的频率一定，通过改变脉冲输出宽度，使输出电压达到稳定。

PWM 控制型效率高并具有良好的输出电压纹波和噪声。PFM 控制型即使长时间使用，尤其小负载时具有耗电小的优点。PWM/PFM 转换型小负载时实行 PFM 控制，在重负载时

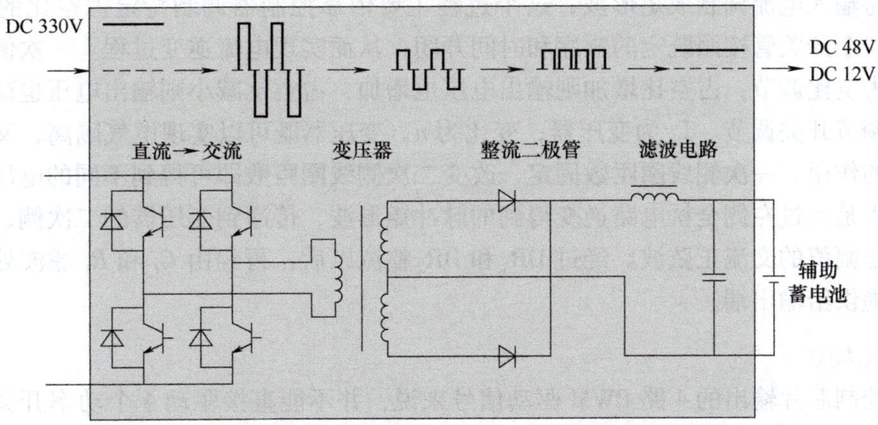

图 3-4　DC/DC 变换器工作原理图

自动转换到 PWM 控制。

目前 DC/DC 转换器广泛应用于手机、MP3、数码相机、便携式媒体播放器等产品中，在电路类型分类上属于斩波电路。

六、DC/DC 变换器的组成

1. 主电路

主电路又叫作功率模块，是整个 DC/DC 变换器的主体。一个典型的全桥型 DC/DC 变换器主电路拓扑如图 3-5 所示。

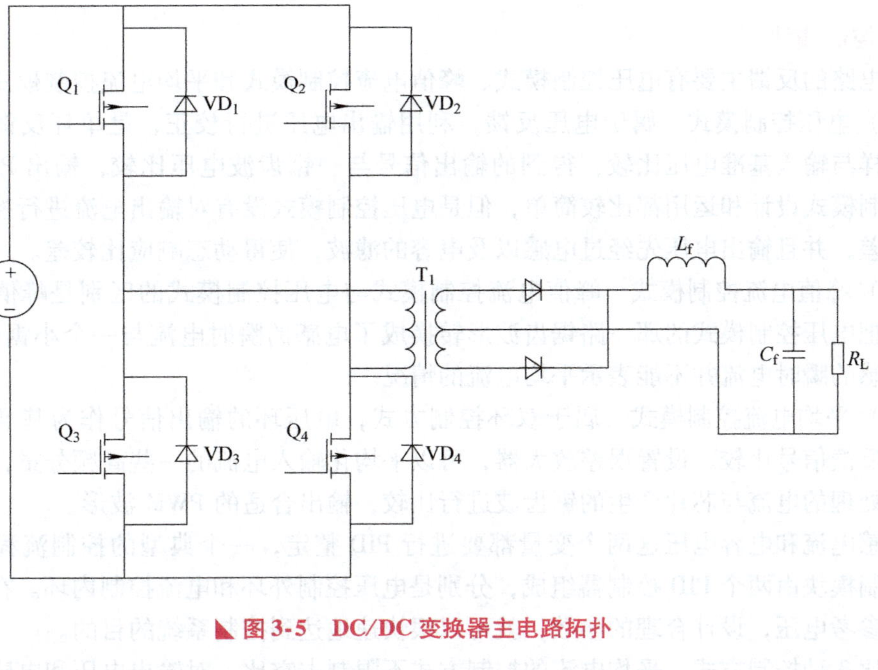

图 3-5　DC/DC 变换器主电路拓扑

V_{in}为输入电压，需要通过DC/DC变换器在输出端得到一个需要的输出电压。一次侧开关电路，将输入电流调制成矩形波，这个过程主要依靠控制器调制特定占空比的PWM波，用以驱动4个开关管按照既定的顺序和时间开闭，从而实现电流逆变过程。一次侧输入电压可以通过占空比调节，占空比增加则输出电压也增加，占空比减小则输出电压也减小。频率可以通过调节开关调节。T_1为变压器，变比为n。变压器既可以实现电气隔离，又可以起到电压调节的作用。一次侧线圈匝数固定，改变二次侧线圈匝数即可得到不同的电压等级。变压器的输入是经过左侧全桥电路逆变得到的脉冲矩形波，传递到变压器的二次侧，得到的是另一个电压幅值的交流正弦波。经过DR_1和DR_2整流以后，再经由C_f和R_1滤波处理，得到直流电，提供给输出端。

2. 驱动模块

对于控制芯片输出的4路PWM驱动信号来说，并不能直接驱动4个功率开关管。所以一般来说，开关电源需要配套一个驱动电路来驱动功率开关管。驱动电路种类很多，主要有以下3种：

（1）直接耦合型驱动电路　控制芯片的每一路输出PWM驱动信号经过由两个晶体管组成的放大电路来驱动功率开关管。此方法无法实现控制部分与主电路的隔离。

（2）脉冲变压器耦合型驱动电路　此电路是在直接耦合型驱动电路的基础上加上了一个脉冲变压器，实现了控制电路与主电路的隔离。但是这种结构的缺点是涉及变压器的设计、制作等方面，比较复杂。

（3）驱动芯片的驱动电路　为了更加方便地来驱动功率开关管，很多公司研制出驱动芯片，驱动芯片可以输出较大的功率驱动开关管，而且随着芯片的小型化发展，现在的驱动芯片体积非常小，有各种封装形式。利用驱动芯片对功率开关管驱动，这种方法比较简单，但是控制电路与主电路仍然没有实现隔离。

3. 控制模块

主电路的反馈主要有电压控制模式、峰值电流控制模式和平均电流控制模式3种。

（1）电压控制模式　属于电压反馈，利用输出电压进行校正，是单环反馈模式，输出电压采样与输入基准电压比较，得到的输出信号与一锯齿波电压比较，输出PWM波信号。电压控制模式设计和运用都比较简单，但是电压控制模式没有对输出电流进行控制，存在一定的误差，并且输出电压先经过电感以及电容的滤波，使得动态响应比较差。

（2）峰值电流控制模式　峰值电流控制模式与电压控制模式的区别是峰值电流控制模式中，把电压控制模式的那一路锯齿波形转换成了电感的瞬时电流与一个小锯齿波的叠加。但是电感的瞬时电流并不能表示平均电流的情况。

（3）平均电流控制模式　属于双环控制方式，电压环的输出信号作为基准电流与电感电流的反馈信号比较。设置误差放大器，可以平均化输入电流的一些高频分量，输出的经过平均化处理的电流与芯片产生的锯齿波进行比较，输出合适的PWM波形。

电感电流和电容电压这两个变量都要进行PID整定，一个典型的控制流程如图3-6所示。控制模块由两个PID控制器组成，分别是电压控制外环和电流控制内环。在流程图中给出一个参考电压，设计合理的参数，就可以很快速地达到控制系统的目的。

对比3种控制方式，平均电流的控制方式不限制占空比，对输出电压和电感电流均进行反馈，有比较好的控制效果。采用平均电流控制方式进行反馈电路的设计时，可把电流环看作电压环的一部分。

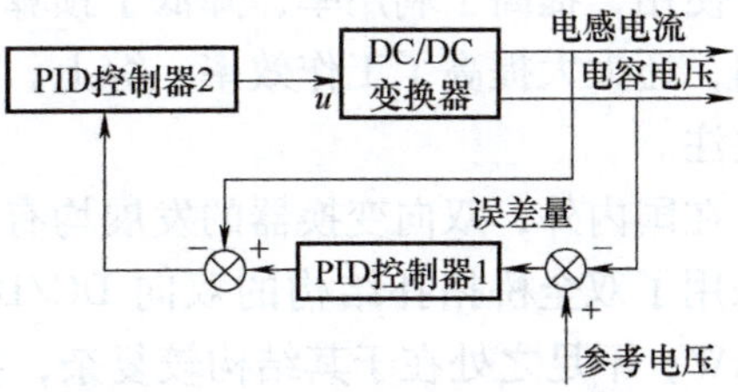

▲图3-6　控制模块原理图

七、双向DC/DC变换器概述

新能源汽车的动力源是动力蓄电池，混合动力汽车的动力依靠内燃机以及驱动电机共同作用，它综合了新能源汽车和传统汽车的优点，提高了行驶里程。新能源汽车在行驶的过程中会频繁的加速、减速，所以电压的变化范围很大，引入DC/DC变换器可以起到了一定的保护作用。能量是可以互相转化的，电能可以转化为机械能，机械能也可转换为电能。DC/DC变换器中的能量可实现双向流动，本质上就是一个双向DC/DC变换器代替了2个单向的DC/DC变换器。新能源汽车双向充、放电系统构架如图3-7所示。

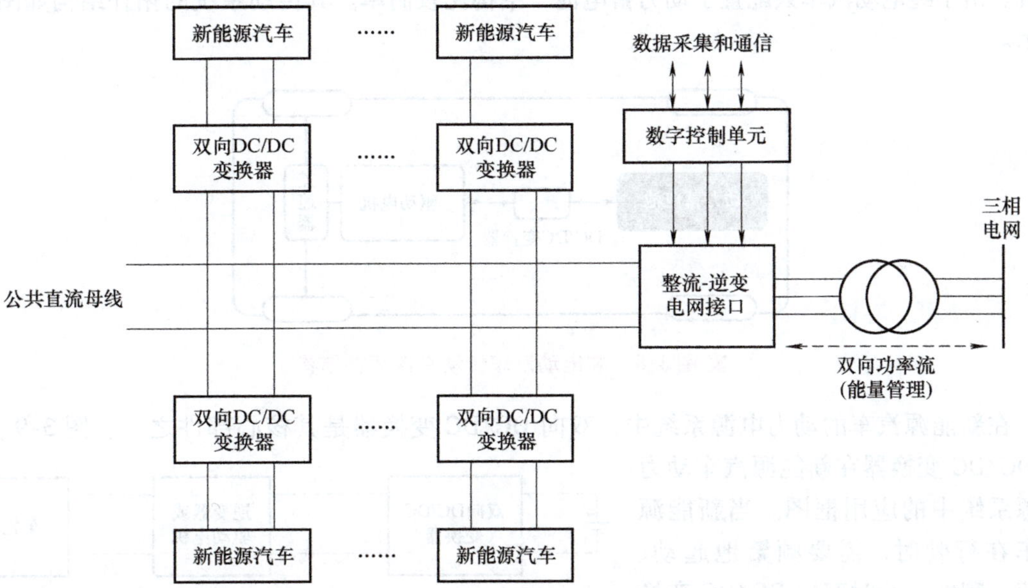

▲图3-7　新能源汽车双向充、放电系统构架

八、双向DC/DC变换器的发展现状

双向变换器是一种转换能量的直流变换技术，双向变换器的工作主要是依靠电流可以双向流动。为了实现能量双向流动，最简单的方法就是将两个单向DC/DC变换器反向并联构成双向变换器，为了避免整个系统的结构过于复杂同时考虑到成本，双向DC/DC变换器用功率开关代替了单向直流变换器电路中的续流二极管。

双向DC/DC变换器因可以提高整个系统的工作效率，且大大降低了系统成本的优势，在相关领域中获得了相当多的注视和研究，研究者们顺应发展趋势，扩大双向DC/DC变换器的应该范围，取得的成果也颇为丰盛。其中，在航天领域，将双向DC/DC变换器和电源结合使用，提高了利用率，降低了预算成本；在新能源汽车领域，能量双向流动不仅节约了时间，还大大提高了工作效率。综上，双向变换器成了一个热门研究对象，且被越来越多学者关注。

在国内外，双向变换器的发展均有很大的发展前景。美国国家电力电子系统中心的研究员采用了双全桥拓扑结构的双向 DC/DC 变换器，为了可以更好地模拟控制，功率达到了 1.6kW，不足之处在于其结构较复杂，控制性能也一般。除此之外，美国密歇根州立大学和麻省理工学院联手开展了 12/42V 双电源变换系统研究。日本学者则把研究重点放在了双向变换器在太阳能发电和 UPS 的应用上。现在，对于双向 DC/DC 变换器研究的功率级别越来越高，主要希望解决的问题是提升它的效率。

九、双向 DC/DC 变换器在新能源汽车上的应用

纯电动汽车以动力蓄电池作为能源，通过动力蓄电池驱动驱动电机转动，进而推动汽车前进。从工作原理来看，动力蓄电池相当于燃油汽车的燃油箱，驱动电机相当于燃油车的发动机。由于纯电动汽车只配置了动力蓄电池，结构比较简单。其传动系统的拓扑结构如图 3-8 所示。

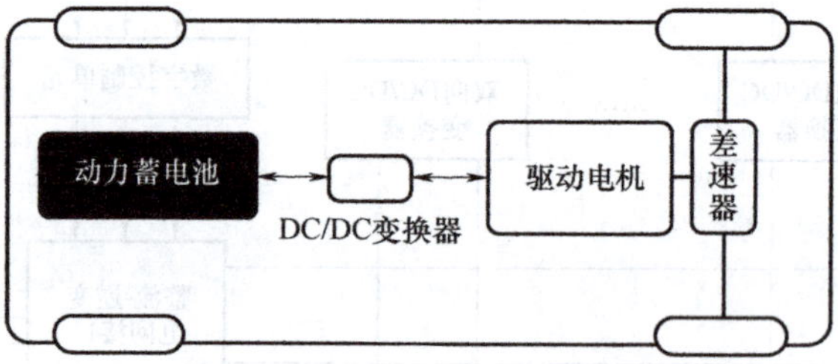

图 3-8　纯电动汽车传动系统拓扑结构

在新能源汽车的动力电源系统中，双向 DC/DC 变换器是其核心部件之一。图 3-9 为双向 DC/DC 变换器在新能源汽车动力电源系统中的应用框图。当新能源汽车在行驶时，需要频繁地起动、加速、爬坡，此时双向 DC/DC 变换器将动力蓄电池的电压升高到一个定值，与直流母线电压匹配，当新能源汽车在减速或者制动、下坡滑行的时候，也需要通过双向 DC/DC 变换器将部分能量回馈给动力蓄电池，这样可以充分有效地利用能源，提高新能源汽车的续驶里程以及效率。新能源汽车双向 DC/DC 变换器主要有以下几个性能要求：

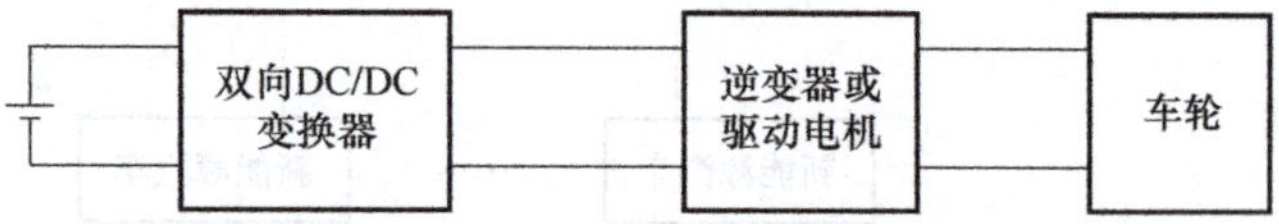

图 3-9　双向 DC/DC 变换器在新能源汽车动力电源系统中的应用框图

(1) 高转换效率　当变换器两端电压或者电流在较大范围波动时候，仍然具有较高效率。

(2) 高安全可靠性　发生过电流、过电压时要及时切断电路，确保乘车人安全。

(3) 高的功率密度　尽可能减小其体积和重量，便于在新能源汽车有限空间内的安装和使用。

(4) 高的动态响应　要求其具有良好的动态响应能力。

基于以上论述，研究一种高效率、安全性较高的DC/DC变换器对新能源汽车的应用进而对节约能源具有重要意义。

任务实施

一、准备工作

（1）防护装备　隔离栏、警示牌、绝缘手套、护目镜和安全帽、绝缘鞋。

（2）实训车辆　比亚迪E6纯电动汽车等。

（3）工具设备　预紧式扭力扳手、棘轮扳手、短接杆、套筒等。

（4）辅助资料　汽车维修手册、教材。

二、实施步骤

根据任务要求，每6个人1组，每组选出1名组长，组长对小组成员进行任务分配。以小组为单位，根据实训室的DC/DC变换器配置，完成以下相关的操作：

1. 典型纯电动汽车DC/DC变换器的特点与组成部件认知

1）弄清比亚迪E6纯电动汽车DC/DC变换器的组成，包括主电路、驱动模块及控制模块，掌握各部分的工作原理。

2）掌握纯电动汽车DC/DC变换器的性能必须满足的要求：

① 作为能量传递部件，为了提高能源的利用率，DC/DC变换器的转换效率要高。

② DC/DC变换器应具有升压功能，以便降低对动力蓄电池的输出电压要求。

③ 因动力蓄电池存在输出不稳定的情况，为了给驱动器以稳定的输入，要求DC/DC变换器闭环运行进行稳压，以便变换器有较好的动态调节能力。

④ DC/DC变换器应具有体积小、重量轻的特点。

2. 典型混合动力汽车DC/DC变换器的特点与组成部件认知

混合动力汽车DC/DC变换器的特点与组成与纯电动汽车DC/DC变换器的特点与组成大体一致，按照纯电动汽车上述步骤完成即可。

知识拓展

隔离型和非隔离型双向DC/DC变换器

电气隔离就是将电源与用电回路做电气上的隔离，即将用电的分支电路与整个电气系统隔离，使之成为一个在电气上被隔离的、独立的不接地安全系统，以防在裸露导体故障带电情况下发生间接触电危险。实现电气隔离后，两个电路之间没有电气上的直接联系，即两个电路之间是相互绝缘的。同时，还要保证两个电路维持能量传输的关系。电气隔离的作用主要是减少两个不同的电路之间的相互干扰，降低噪声。

非隔离双向DC/DC变换器的结构比较简单，每个部件都是直接相连，没有额外的能量损失，工作效率比较高，对升压侧的电容要求比较高。主要的非隔离 DC/DC 变换器电路结构有双向半桥 Boost-Buck 电路、双向 Buck-Boost 电路、双向 Buck 电路、双向 Zate-Sepic 电路。

在非隔离型双向 DC/DC 变换器的基础上加上一个高频变压器就构成了隔离型双向 DC/DC 变换器。高频变压器两侧的电路拓扑可以是全桥式、半桥式、推挽式等。这几种隔离型的双向 DC/DC 变换器采用了更多的功率开关，具有电压变比大、带电气隔离等优点。但是这类 DC/DC 变换器结构复杂，成本相对较高，变换器的损耗高，低频时会导致隔离变压器铁心饱和，损耗会进一步增加。因此，非隔离型双向 DC/DC 变换器比隔离型双向 DC/DC 变换器在新能源汽车上的运用更具有优势。

当能量由高压侧流向低压侧时，双向 DC/DC 变换器工作在 Buck 模式；能量由低压侧流向高压侧时，双向 DC/DC 变换器工作在 Boost 工作模式。

学习小结

DC/DC 变换器的功能：DC/DC 变换器将高压直流电变换成低压 14V 直流电供整车的低压负载使用，且可以对辅助蓄电池进行充电。

自我评估

1. 填空题

1）DC/DC 变换器将__________变换成低压直流电供整车的低压负载使用。

2）DC/DC 变换器是对原直流电进行__________，改变__________来控制输出有效电压的大小的。

2. 判断题

1）DC/DC 变换器将高压交流电变换成低压 14V 直流电供整车的低压负载使用。（　　）

2）DC/DC 变换器不可以对辅助蓄电池进行充电。（　　）

3）DC/DC 变换器将来自于动力蓄电池不稳定的直流电压，通过整流、滤波后转变成交变的电压，然后将交变的电压转变成各种数值稳定的直流电压输出。（　　）

3. 单项选择题

1）DC/DC 变换器将高压直流电变换成低压（　　）V 直流电供整车的低压负载使用。

A. 9　　B. 5　　C. 14　　D. 15

2）拆卸维修前起动开关在（　　）档。

A. ON　　B. OFF　　C. STA　　D. IG

3）在能量混合型系统中，采用升压 DC/DC 变换器；在功率混合系统中，采用（　　）。

A. 升压 DC/DC　　B. 双向 DC/DC

C. 单向 DC/DC　　D. 降压 DC/DC

任务 2

DC/DC 变换器的检修

任务情境

任务描述

一辆比亚迪 E5 新能源汽车，接通电源开关后，仪表无反应，整车无任何反应，测量辅助蓄电池电压为 5V，更换辅助蓄电池后，仪表显示 DC/DC 变换器故障。

任务提示

根据任务描述，需要掌握 DC/DC 变换器的结构与工作原理以及故障判断。

任务目标

知识目标

1. 了解 DC/DC 变换器的拆装。
2. 掌握 DC/DC 变换器的常见故障。

能力目标

能够进行 DC/DC 变换器的拆装。

必备知识

一、DC/DC 变换器与空调驱动器漏电

DC/DC 变换器与空调驱动器漏电分一般漏电和严重漏电两种情况。DC/DC 变换器与空调驱动器漏电主要是由于自身绝缘阻值过小或漏电流过大导致的。

DC/DC 变换器与空调驱动器出现漏电时，仪表会报动力蓄电池漏电故障，出现严重漏电时，会自动将车辆动力切断进行保护。

小知识

检测方法：

ED400 读取蓄电池管理系统数据流（漏电故障）。

断电后，拔掉 DC/DC 变换器与空调驱动器输入 8 芯线，重新上电，读取蓄电池管理系统数据流。

如果漏电故障未消除，查找动力蓄电池等其他模块。

如果漏电故障消除，接上 DC/DC 变换器与空调驱动器输入，断开输出。

如果接上 DC/DC 变换器与空调驱动器输入后依次排列组合断开输出，漏电故障均出现，确定 DC/DC 变换器与空调驱动器漏电。

测量绝缘阻值：测量 DC/DC 变换器与空调驱动器输出（压缩机、PTC、两个低压输出）对地电阻，低于兆欧级不正常。测量 DC/DC 变换器输入对地电阻，低于兆欧级不正常。

二、DC/DC 变换器或空调没有输入

DC/DC 变换器与空调驱动器的输入电压通过高压配电箱和熔丝后，由 8 芯线直接传送过来。

8 芯线包括空调的直流高压输入、两路通过 DC/DC 变换器转换成低压的高压输入。出现空调没有高压直流输入时，空调不能工作。出现两路电压没有输入电压时，低压没有输出。

小知识

检测方法（空调没有输入）：

测试空调制冷、制热是否正常。

如果不正常，排查空调自身故障后，测量输入端 A、B 是否有电压（请注意安全保护措施：断开电源，拔下输入接插件，用万用表表头接好 A、B 端，车辆上电，测量输入电压）。

如果没有电压，测量高压配电箱处空调熔丝是否烧毁。

如果熔丝未烧毁，转入高压配电箱的维修（可能接触器未吸合配电过来）。

检测方法（DC/DC 变换器没有输入）：

测试是否有 DC/DC 变换器两路低压输出。

如果正常，检查 DC/DC 变换器与空调驱动器自身；如果不正常，测量输入端 C 与 D、F 与 G 端的电压是否正常（请注意安全保护措施：断开电源，拔下输入接插件，分别用万用表表头接好 C 与 D、F 与 G 端，车辆上电，测量输入电压）。

如果没有电压，测量高压配电箱处 DC/DC 变换器熔丝是否烧毁。

如果熔丝未烧毁，转入高压配电箱的维修（可能接触器未吸合配电过来）。

三、压缩机或 PTC 或低压没有输出、输出异常

压缩机或 PTC 或低压没有输出、输出异常会导致空调不制冷或不制热或蓄电池馈电、转向无助力等故障。

小知识

检测方法（压缩机或 PTC 或低压没有输出）：

测量 8 芯输入是否正常。

测试压缩机输入是否正常：如果正常，查找压缩机自身故障；如果不正常，查找 DC/DC 变换器与空调驱动器内部故障，通过更换 DC/DC 变换器与空调驱动器验证。

测量 PTC 输入是否正常：如果正常，查找 PTC 自身故障；如果不正常，查找 DC/DC 变换器与空调驱动器内部故障，通过更换 DC/DC 变换器与空调驱动器验证。

测量低压输出是否正常（正常值为 13.8V）：如果不正常，查找 DC/DC 变换器与空调驱动器内部故障，通过更换 DC/DC 变换器与空调驱动器验证。

四、DC/DC 变换器输入故障

DC/DC 变换器输入故障有输入过电压和输入欠电压两种。导致 DC/DC 变换器输入故障的原因有两种：

1）DC/DC 变换器自身故障导致对输入的电压范围判断有误。

2）从配电箱出来的母线正、负极电压超出 DC/DC 变换器工作电压范围。

DC/DC 变换器出现输入保护时会停止工作，应立即将车辆靠路边停放，联系维修工作人员进行处理。

小提示

处理方法：

在确保安全的情况下，将车辆电源档位置于 OK 档，用万用表测量 DC/DC 变换器的高压输入端 C、F 引脚，两端电压是否在 200～400V 范围内。若无高压，检查配

电箱；若有高压，更换功能正常的DC/DC变换器与空调驱动器，并将故障件拆卸后交付厂家进行专业检修。DC/DC变换器的高压输入端如图3-10所示。

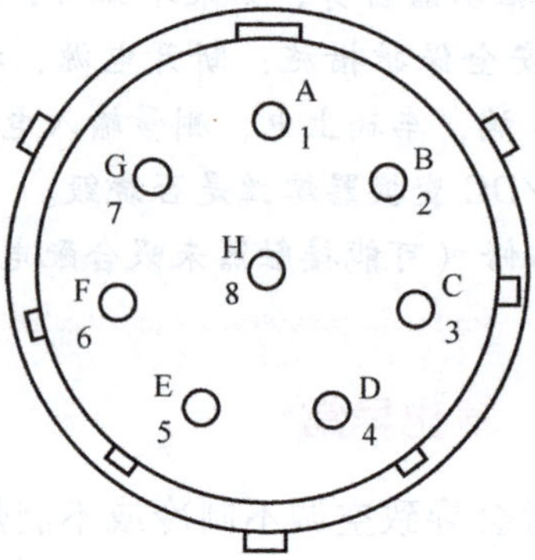

引脚	功能定义
A	空调供电高压正
B	空调供电高压负
C	DC 12V Ⅰ供电高压负
D	DC 12V Ⅱ供电高压负
E	空
F	DC 12V Ⅰ供电高压正
G	DC 12V Ⅱ供电高压正
H	空

▶ 图3-10 DC/DC变换器的高压输入端

五、DC/DC变换器输出故障

DC/DC变换器输出故障有输出过电压、输出欠电压和输出过电流3种。在确认DC/DC变换器高压输入电压正常的情况下，DC/DC变换器出现输出故障常为自身内部故障导致的。

DC/DC变换器出现输出保护时，应立即将车辆靠路边停放，联系维修工作人员进行处理。

小提示

处理方法：

将车辆电源档位置于OK档，用万用表测量DC/DC变换器的DC 12V输出接插件1、2，对车身地的电压范围是否在9~14.49V范围（输入电压为260~400V，输出电压为13.11~14.49V；输入电压为200~260V，输出电压>9V）。若超出范围，更换功能正常的DC/DC变换器与空调驱动器，并将故障件拆卸后交付厂家进行专业检修。DC 12V输出接插件如图3-11所示。

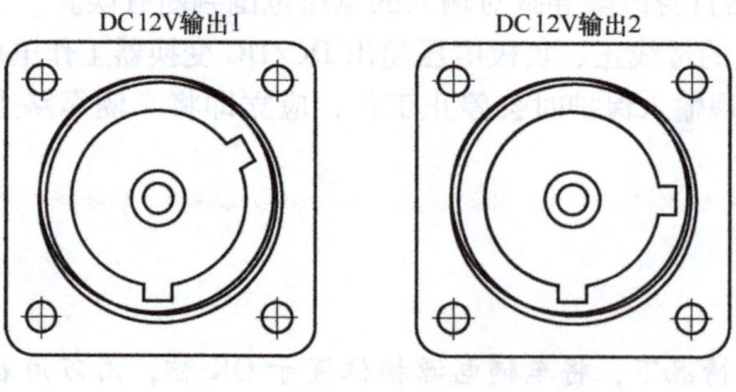

▶ 图3-11 DC 12V输出接插件

六、与蓄电池管理系统（BMS）通信故障

DC/DC 变换器出现通信故障的原因有 CAN 总线接插件及线束故障和 DC/DC 变换器内部 CAN 模块故障两种。当出现通信故障时，DC/DC 变换器故障灯亮。

小提示

处理方法：

检查 DC/DC 变换器的低压接插件，如图 3-12 所示，CAN-H、CAN-L、CAN 屏蔽地的引脚及线束是否正常。若存在问题，则调整、维修、更换；若无问题，测量其在 OK 档下电压值（CAN-H、CAN-L 均为 2.5V 左右，CAN-H 略高于 CAN-L），或者测量其电阻值。断开动力蓄电池后，CAN-H 和 CAN-L 两引脚间电阻值应在 60Ω 左右，若电压或电阻不在有效范围内，可能为 DC/DC 变换器内部 CAN 模块存在故障，应更换功能正常的 DC/DC 变换器与空调驱动，并将故障件拆卸后交付厂家进行专业检修。

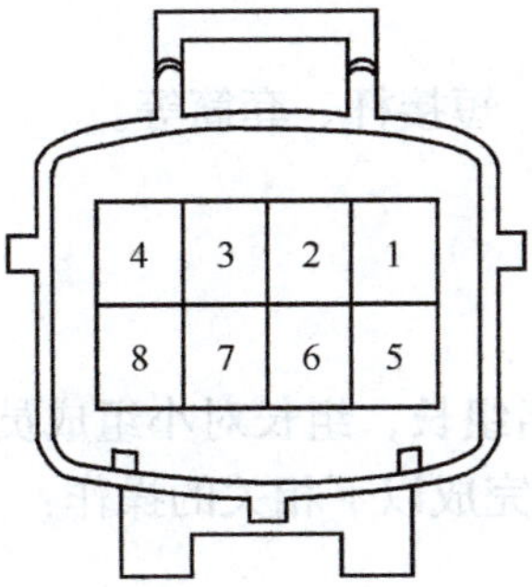

引脚	功能定义
1	ON档正
2	ON档地
3	空
4	空
5	CAN-H
6	CAN-L
7	CAN屏蔽地
8	空

图 3-12　低压接插件

七、DC/DC 变换器低压控制信号故障

检查高压配电箱低压控制端接插件 M31，如图 3-13 所示。

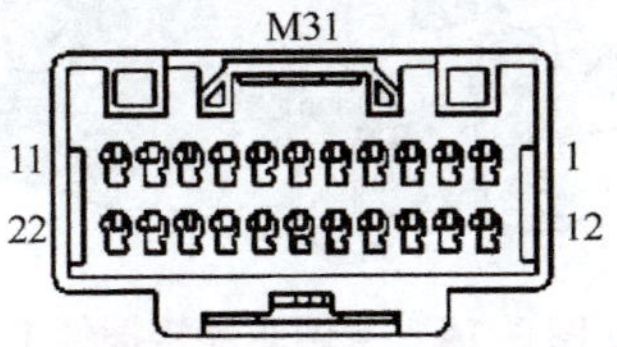

端子	线色	条件	正常值
M31-5 ➝ 车身地	W/B	OK档	11～14V
M31-7 ➝ 车身地	B/L	OK档	11～14V
M31-3 ➝ 车身地	B/Y	OK档	11～14V
M31-10 ➝ 车身地	B	始终	小于1Ω

图 3-13　接插件 M31

小知识

测量步骤：

1）将电源档位置于 OK 档。

2）拔下高压配电箱 M31 插接器。

3）测量线束端插接器各端子间电压或电阻值。

4）若测量结果不正常，检查高压配电箱。若测量结果正常，更换功能正常的 DC/DC 变换器与空调驱动器，并将故障件拆卸后交付厂家进行专业检修。

任务实施

一、准备工作

（1）防护装备　隔离栏、警示牌、绝缘手套、护目镜和安全帽、绝缘鞋。

（2）实训车辆　比亚迪 E5 纯电动汽车等。

（3）工具设备　预紧式扭力扳手、棘轮扳手、短接杆、套筒等。

（4）辅助资料　汽车维修手册、教材。

二、实施步骤

根据任务要求，每 6 个人 1 组，每组选出 1 名组长，组长对小组成员进行任务分配。以小组为单位，根据实训室的 DC/DC 变换器配置，完成以下相关的操作：

1. 典型纯电动汽车 DC/DC 变换器的拆检

（1）拆卸维修前

1）起动开关置于 OFF 位。

2）拔掉紧急维修开关。

3）断开动力蓄电池电缆。

4）放掉冷却系统冷却液。

5）拆卸 DC/DC 变换器和空调驱动器总成冷却管路。

（2）拆卸　断开高压电缆。

1）断开 DC/DC 变换器输入、充电器输入、空调驱动器输入三合一接插件。

2）断开空调驱动输出接插件 1，如图 3-14 所示。

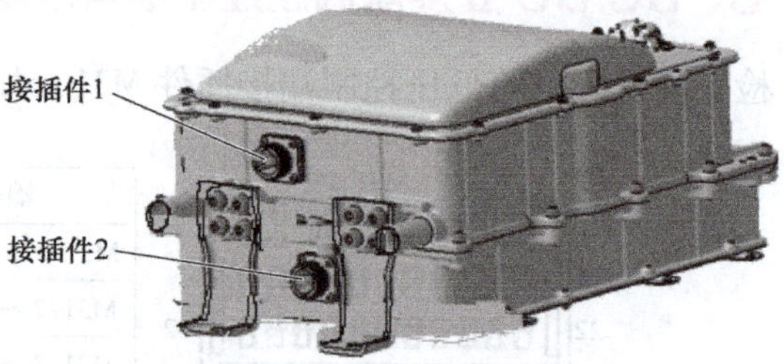

图 3-14　空调驱动接插件 1、2

3）断开空调驱动输出接插件 2。

拆卸 DC/DC 变换器和空调驱动器总成。

1）断开 DC/DC 变换器和空调驱动器总成上 5 个接插件。

2）拆卸 DC/DC 变换器前端两个螺栓。

3）拆卸 DC/DC 变换器后端 1 个螺母。

4）卸下 DC/DC 变换器和空调驱动器总成。

（3）检测

1）检测 DC/DC 变换器与空调驱动器是否漏电。

2）检测 DC/DC 变换器或空调是否有输入。

3）检测压缩机或 PTC 或低压是否有输出、输出异常。

4）检测 DC/DC 变换器输入是否故障。

5）检测 DC/DC 变换器输出是否故障。

6）检测 DC/DC 变换器与蓄电池管理系统（BMS）通信是否故障。

7）DC/DC 变换器低压控制信号是否故障。

（4）安装 安装 DC/DC 变换器和空调驱动器总成。

1）将 DC/DC 变换器和空调驱动器总成放在支架上对准孔位。

2）安装 DC/DC 变换器后端 1 个螺母。

3）安装 DC/DC 变换器前端两个螺栓。

2. 典型混合动力汽车 DC/DC 变换器的拆检

混合动力汽车 DC/DC 变换器的检修与纯电动汽车 DC/DC 变换器的检修过程一致，按照纯电动汽车上述步骤完成即可。

知识拓展

一、DC/DC 变换器拓扑结构

对于非隔离型拓扑结构，已广泛应用于新能源汽车领域，比如大部分混合动力汽车均采用 Boost 型双向 DC/DC 变换器，国内外各大实验室也对该电路的应用做了很多研究。罗马大学 F. Caricchi 博士团队对 Boost-Buck 拓扑的双向 DC/DC 变换器进行了深入研究，并研制了一台 20kW 的实验样机，用于改善新能源汽车驱动电机运行时的性能。

为了满足双向 DC/DC 变换器高效率的要求，许多学者对软开关技术进行了深入研究。浙江大学的陈刚博士在软开关领域提出了零电压移相控制策略以及复合有源箝位 PWM 控制策略两大类软开关技术；该技术虽然提高了变换器的效率，但大大增加了电路的复杂性，实用性不高。日本国立大学 AtsuoKawamura、YukinoriTsuruta 等人提出了一种新型高功率、高效率、高频率的零电压电流转移电路，虽然电路可以实现主辅开关管的软开关，但同时增加了辅助管的导通损耗和辅助电感损耗。江苏大学孙运全等人提出了一种通过缩短电流复位时间，以此来完全消除电路中的循环能量的新颖控制策略，进一步提升了效率。

隔离型双向 DC/DC 变换器由于安全性高、功率级别大，在一些大功率场合得到了广泛应用，国内外学者对其做了大量研究。韩国成均馆大学 Chung-Yuen 博士研究了一种可适用于燃料电池汽车的隔离式变换器，其高压侧为半桥结构，低压侧采用 Boost 全桥，该电路解决了燃料电池起动响应慢的缺点。日本山口大学 ToshihikoTanaka 提出一种可用于燃料电池汽车的隔离 DC/DC 变换器，变压器一次侧采用全桥，二次侧采用推挽结构；虽然器件数量得到减少，但电路中器件承受的应力过高，易于损坏。国内彭方正等人提出了一种可用于燃料电池汽车的隔离型 DC/DC 变换器，该变换器两端均采用半桥拓扑，电路简单，且可以实现软开关，功率密度高、效率高，如图 3-15 所示。

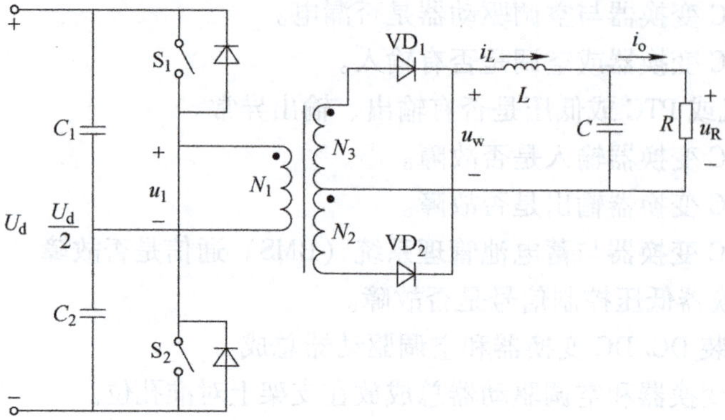

图 3-15　半桥式变换器电路图

二、DC/DC 变换器的控制技术

双向 DC/DC 变换器在控制技术方面取得了很多进展。Prasanna 等人对零电压开关的隔离型 DC/DC 变换器进行研究，设计了一种基于 PSoC5 电流反馈控制器，该控制器虽然控制方法简单、成本低廉，但系统稳定性相对较差。A. S. Samosir 等人设计了一种基于动态演化控制 DC/DC 变换器，主要应用于燃料电池和超级电容器组成的复合能量源系统，以提高整个系统性能和效率。ChattopadhyayS 等人运用斜坡补偿技术研究了一种适用于 DC/DC 变换器的电流控制方法。FujioKurokawa 教授提出了一种采用模拟控制和 PID 控制的数字智能控制算法，该方法通过检测输入、输出电压以及输出电流，使系统的动态性能得以改善。王善磊等人采用全数字化的控制方法，基于 DSP 增量式 PID 控制，设计了一种便于模式切换的双向 DC/DC 变换器。彭再武等团队设计了一种基于 DSP 的双闭环控制双向 DC/DC 变换器，该变换器可适用于新能源汽车等大功率场合。

学习小结

1）DC/DC 变换器与空调驱动器漏电分一般漏电和严重漏电两种情况，主要原因是自身绝缘阻值小或漏电电流大。

2）压缩机或 PTC 或低压没有输出、输出异常会导致空调不制冷或不制热或蓄电池馈电、转向无助力等故障。

自我评估

1. 填空题

1）DC/DC 变换器将__________变换成__________供整车的低压负载使用，且可以对

__________进行充电。

2）PWM 的一个优点是从处理器到被控系统信号都是数字形式的，无须进行__________。

2. 判断题

1）DC/DC 变换器是对原直流电进行脉冲宽度调整改变占空比来控制输出的有效电流的大小。（ ）

2）在能量混合型系统中，采用升压 DC/DC 变换器；在功率混合系统中，采用双向 DC/DC 变换器。（ ）

3. 单项选择题

1）在功率混合系统中，采用（ ）变换器。

A. 升压 DC/DC

B. 双向 DC/DC

C. 降压 DC/DC

D. 升、降压 DC/DC

2）在各种新能源汽车中，DC/DC 变换器主要实现的功能是（ ）。

A. 驱动直流电机

B. 给发电机充电

C. 给辅助蓄电池充电

D. 不同电源之间的特性匹配

项目四 / Project 4

充电连接装置的构造与检修

本项目主要学习充电连接装置，分为两个任务：任务 1 充电连接装置的认知；任务 2 充电连接装置的检修。通过两个任务的学习，应能够描述新能源汽车充电连接装置的组成，能对新能源汽车充电连接装置故障进行分析。

任务1

充电连接装置的认知

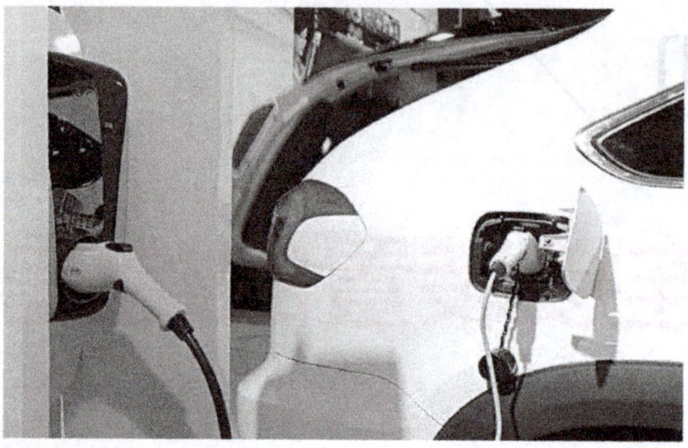

任务情境

任务描述

一辆比亚迪E5新能源汽车，进厂报修时的故障现象：充电过程中，时而充电，时而不充电。要求4S店给予检修。

任务提示

根据故障现象，这辆汽车的充电连接装置出现了故障，需要对充电连接装置进行检修。要完成这个工作任务需要认识充电连接装置的组成部件，锻炼学生充电连接装置的认知能力。

任务目标

知识目标

1. 掌握充电连接装置的功用。
2. 掌握充电连接装置的组成。
3. 掌握充电连接装置的使用。

能力目标

能够合理地选用充电连接装置。

必备知识

一、相关概念

充电连接装置概述

1. 充电连接装置

充电连接装置是新能源汽车充电时，连接新能源汽车和新能源汽车供电设备的组件，除电缆外，主要包括供电接口、车辆接口、缆上控制保护装置和帽盖等部件，如图 4-1 和图 4-2 所示。

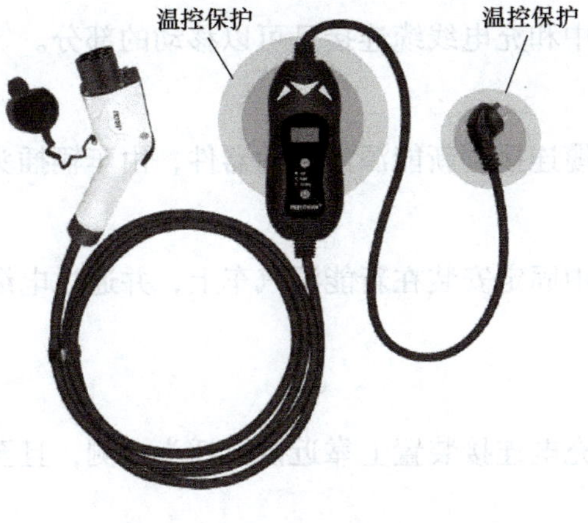

▶图 4-1　充电连接装置

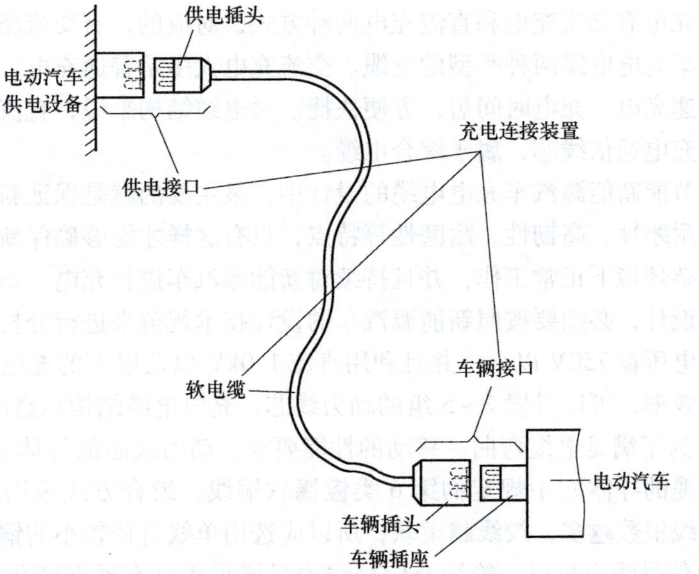

▶图 4-2　充电连接装置的构成

2. 充电接口

充电接口是充电连接装置中，除电缆、电缆控制盒（如果有）之外的部件，包括供电接口和车辆接口。

3. 供电接口

供电接口是能将电缆连接到电源或新能源汽车供电设备的器件，由供电插头和供电插座组成。

4. 供电插座

供电插座是供电接口中和电源供电线缆或供电设备连接在一起且固定安装的部分。

5. 供电插头

供电插头是供电接口中和充电线缆连接且可以移动的部分。

6. 车辆耦合器

车辆耦合器是能将电缆连接到新能源汽车的器件，由车辆插头和车辆插座组成。

7. 车辆插座

车辆插座是车辆接口中固定安装在新能源汽车上，并通过电缆和车载充电机或车载动力蓄电池相互连接的部分。

8. 缆上控制盒

缆上控制盒是安装在充电连接装置上靠近供电插头一侧，且至少具有连接确认、漏电保护等控制功能的装置。

二、电缆

新能源汽车充电有交流充电和直流充电两种方式，对应的，有交流新能源汽车充电电缆和直流新能源汽车充电电缆两种类型的电缆。交流充电大多是普通充电，时间较长，而直流充电大多属于快速充电，充电时间短，方便快捷。对电缆结构来说，直流充电电缆比交流充电电缆多了一对充电通信线芯，属于综合电缆。

在新型环保节能新能源汽车充电电缆的设计中，最主要的就是保证新能源汽车充电电缆自身的耐热性、耐寒性、高韧性、耐磨性等特点，只有这样才能够确保新能源汽车充电电缆在各种各样的复杂环境下正常工作，并且持续对新能源汽车进行充电。新能源汽车充电电缆产品总体的结构设计，必须要按照新能源汽车的设计技术规范来进行分析，确保新能源汽车充电电缆的额定电压在750V以下，并且利用直流1.0kV以及以下的充电系统。此外，为了能够提高充电的效率，可以设置2~5组的动力线芯。充电电缆结构示意图如图4-3所示。

（1）导体　为了满足电缆弯曲、移动的性能要求，动力线芯的导体采用性能符合GB/T 3956—2008《电缆的导体》中规定的第6类镀锡软铜线，绞合方式采用复合绞。由于相同截面积的绞线单线根数越多，绞线越柔软，所以应选用单线直径较小的铜线绞合。

（2）绝缘及信号线内衬层　绝缘及信号线内衬层采用具有动态硫化性的热塑性弹性体TPV，其结构特点是连续相EPDM细小粒子分散于分散相PP之中，相界面张力小，粒子分散均匀，空隙小，产品不易形变和应力开裂，具有极优的耐臭氧、耐热、耐酸碱、耐油、耐

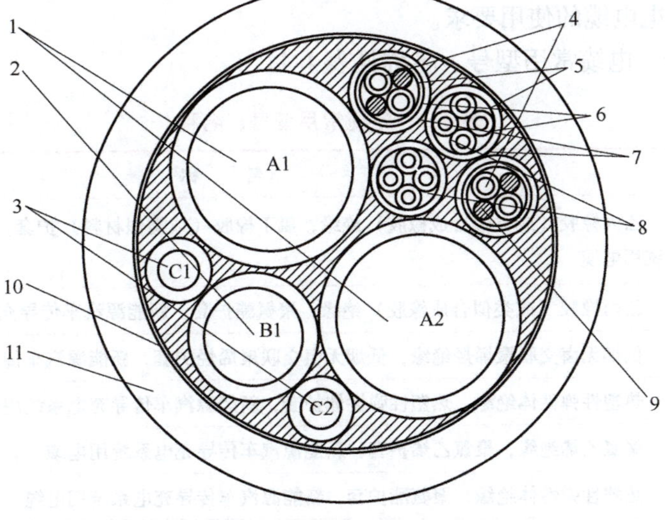

图 4-3　充电电缆结构示意图（一）

1—70mm² 绝缘线芯　2—25mm² 绝缘线芯　3—4mm² 绝缘线芯　4—0.75mm² 绝缘线芯　5—铝塑带绕包屏蔽　6—镀锡铜丝编织屏蔽　7—内衬层　8—1.0mm² 绝缘线芯　9—填充绳　10—无纺布包带层　11—外护层

溶剂及抗动态疲劳等性能。同时，TPV 的密度小、易加工、绿色环保、可回收使用，是一种性能优良的绝缘材料。电缆导体长期允许工作温度为 -60～125℃。

（3）填充和绕包带　为了增强整个新能源汽车充电电缆的应用效果，在填充和绕包带材料选择时，可以利用新型阻燃材料保证绕包带的质量明显提升，而且有助于对屏蔽线头的保护，避免出现屏蔽线头刺穿绝缘层的情况。

填充采用非吸湿性阻燃材料，使电缆具有良好的低烟阻燃性。绕包带均采用具有耐刺穿性能的阻燃材料，防止编织屏蔽层金属线头刺穿，损伤线芯绝缘层，如图 4-4 所示。

（4）信号控制及通信线芯屏蔽层结构　信号控制线芯和通信线芯外设置有屏蔽层，以防在充电过程中强电流对通信及信号控制线传输产生干扰。屏蔽层采用铝塑复合带绕包和铜丝编织屏蔽的组合屏蔽形式，以达到降低屏蔽层表面的转移阻抗、提高屏蔽层抗干扰能力的目的。

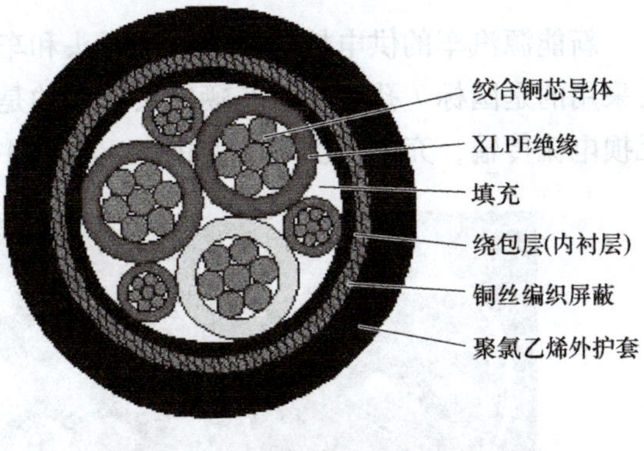

图 4-4　充电电缆结构示意图（二）

新能源汽车充电电缆总屏蔽层在新能源汽车充电电缆工作时可以直接作为接地线应用，能够减少新能源汽车充电过程中产生的过电流而减少对电网的冲击，还可以直接屏蔽新能源汽车充电电缆本体产生的电磁波，避免新能源汽车在充电时产生弱电而干扰通信设备。

（5）护套层　新能源汽车充电电缆的使用环境比较特殊，为此，必须要加强护套的整体性能。护套层材料采用的是聚氨酯类热塑性弹性体 TPU，具有优异的物理、机械性能，能满足新能源汽车充电电缆的使用要求。

（6）电缆型号　电缆常用型号、名称见表4-1。

表4-1　电缆常用型号、名称

型　号	名　称
EV-EF	乙丙橡胶（或类似合成橡胶）绝缘，氯丁橡胶（或类似材料）护套，新能源汽车传导充电系统用电缆
EV-E90U	乙丙橡胶（或类似合成橡胶）绝缘，聚氨酯护套，新能源汽车传导充电系统用电缆
EV-WDYJYJ	低烟无卤交联聚烯烃绝缘，低烟无卤交联聚烯烃护套，新能源汽车传导充电系统用电缆
EV-SS	热塑性弹性体绝缘，热塑性弹性体护套，新能源汽车传导充电系统用电缆
EV-VV	聚氯乙烯绝缘，聚氯乙烯护套，新能源汽车传导充电系统用电缆
EV-S90U	热塑性弹性体绝缘，聚氨酯护套，新能源汽车传导充电系统用电缆
EV-EFPF	乙丙橡胶（或类似合成橡胶）绝缘，铜丝编织屏蔽，氯丁橡胶（或类似材料）护套，新能源汽车传导充电系统用电缆
EV-E90UPU	乙丙橡胶（或类似合成橡胶）绝缘，铜丝编织屏蔽，聚氨酯护套，新能源汽车传导充电系统用电缆
EV-WDYJYJPYJ	低烟无卤交联聚烯烃绝缘，铜丝编织屏蔽，低烟无卤交联聚烯烃护套，新能源汽车传导充电系统用电缆
EV-SSPS	热塑性弹性体绝缘，铜丝编织屏蔽，热塑性弹性体护套，新能源汽车传导充电系统用电缆
EV-S90S90PU	热塑性弹性体绝缘，铜丝编织屏蔽，聚氨酯护套，新能源汽车传导充电系统用电缆
EV-VVPV	聚氯乙烯绝缘，铜丝编织屏蔽，聚氯乙烯护套，新能源汽车传导充电系统用电缆

三、供电接口

新能源汽车的供电接口包括供电插头和车辆插头两部分。比亚迪 E5 纯电动汽车供电插头采用的是国标7孔母座，车辆插头采用的是国标7孔公头，且两端能够很好地契合，具有无损电流传输，充电速度不变的优点，如图4-5所示。

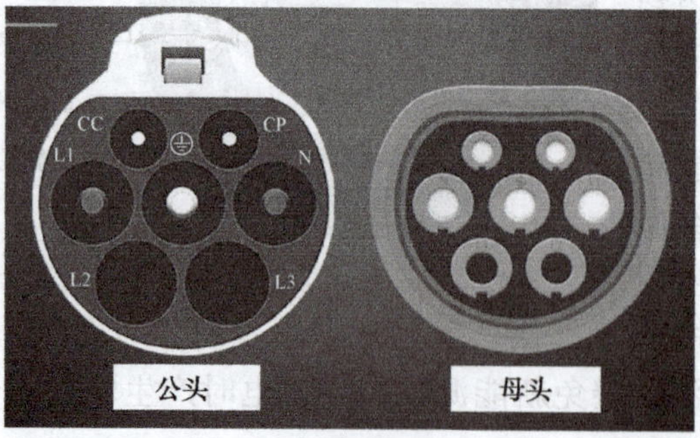

图4-5　供电接口公、母头

扫一扫

充电接口

比亚迪 E5 纯电动汽车采用的充电接口采用铜合金表面镀银和顶部热塑性塑料工艺，具有防水、防尘、耐压、阻燃等优点。为避免混淆，供电插头和车辆插头采用不同的结构，供电插头有凹槽，车辆插头无凹槽，并且插头的高度不同，如图 4-6 所示。

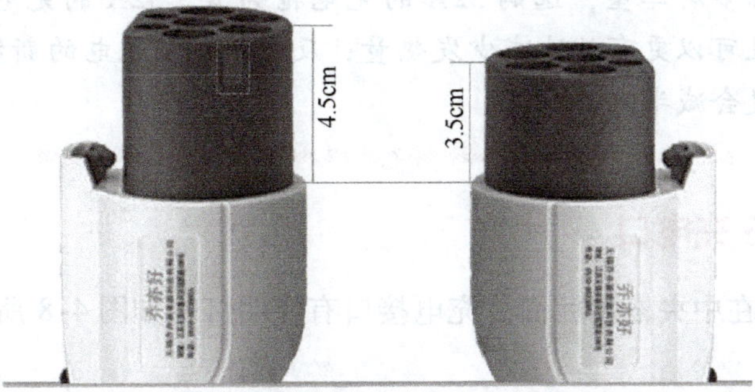

图 4-6　比亚迪 E5 供电插头（左）和车辆插头（右）

比亚迪 E5 纯电动汽车充电接口，材料选用 ABS 环保原料，导电插针采用铜合金镀银，密封材料选用橡胶、硅胶，工作电流为 32A，工作功率为 7kW，空载插拔能够大于 10000 次等。充电接口具体参数如图 4-7 所示。

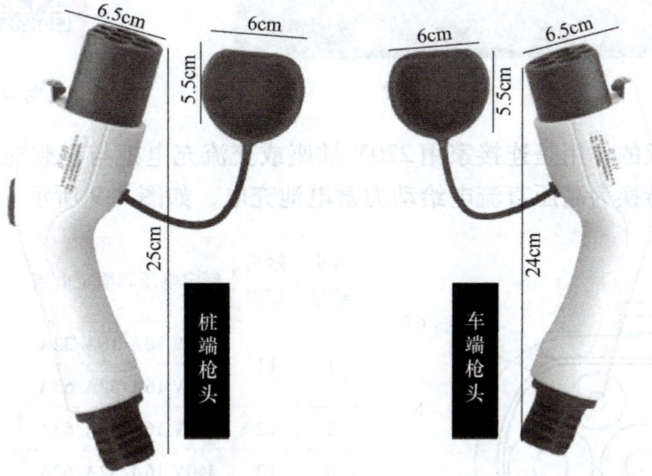

图 4-7　充电接口具体参数

小知识

当前市场上，充电枪有 16A 和 32A 两种。16A 和 32A 的区别是：车辆交流充电功率不超过 3.5kW 的使用 16A 充电枪，例如比亚迪秦（油电混动）、唐，荣威 E50/E550/E950，北汽 EV150/160/200，江淮 IEV4/5/6S，奇瑞 EQ，腾势，宝马之诺/I3/530LE/X5，帝豪 EV，众泰 E200，长安逸动 EV，沃尔沃 S60L，大众高尔夫 GTE、2016 款知豆 D1/D2，东风 E30L，广汽传祺，华泰 EV 等。车辆交流充电功率可以达到6.6/7kW的使用32A充电枪，例如比亚迪E5、E6、秦EV300，北汽EU260/ES210/EX200，启辰晨风，卡威中客，金龙、九龙客车系列等。

如果需要兼容多种车型，选购32A的充电枪为宜，32A的充电枪适用16A充电的新能源汽车，且可以更有效地减少发热量；反之，32A充电的新能源汽车使用16A的充电枪充电速度会减半。

四、比亚迪E5充电口

充电口总成隐藏在中央格栅后面，充电接口有照明灯，如图4-8所示。

图4-8　充电口总成

扫一扫

充电口的检修

交流充电口总成的作用是连接家用220V插座或交流充电柜与车载充电设备，车载充电设备将高压交流电转换为高压直流电给动力蓄电池充电，如图4-9所示。

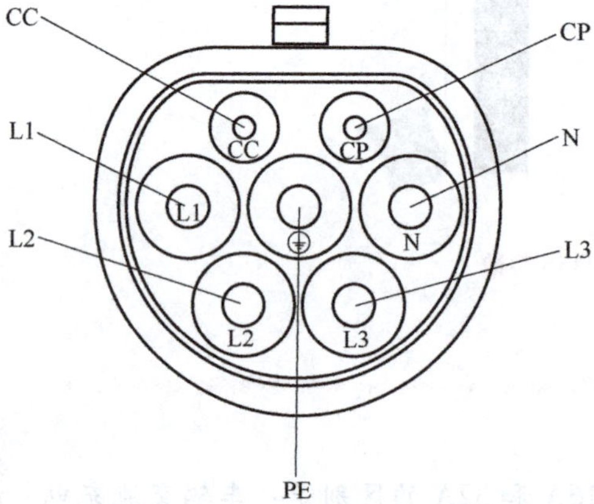

触头编号	触头标识	额定电压和额定电流	功能定义
1	L1	250V 10A/16A/32A	交流电源（单相）
		440V 16A/32A/63A	交流电源（三相）
2	L2	440V 16A/32A/63A	交流电源（三相）
3	L3	440V 16A/32A/63A	交流电源（三相）
4	N	250V 10A/16A/32A	中线（单相）
		440V 16A/32A/63A	中线（三相）
5	PE	—	保护接地（PE），连接供电设备地线和车辆电平台
6	CC	0V～30V 2A	充电连接确认
7	CP	0V～30V 2A	控制导引

图4-9　交流充电口

直流充电口总成的作用是连接直流充电柜与车辆，从而用高压直流电给动力蓄电池充电，如图4-10所示。

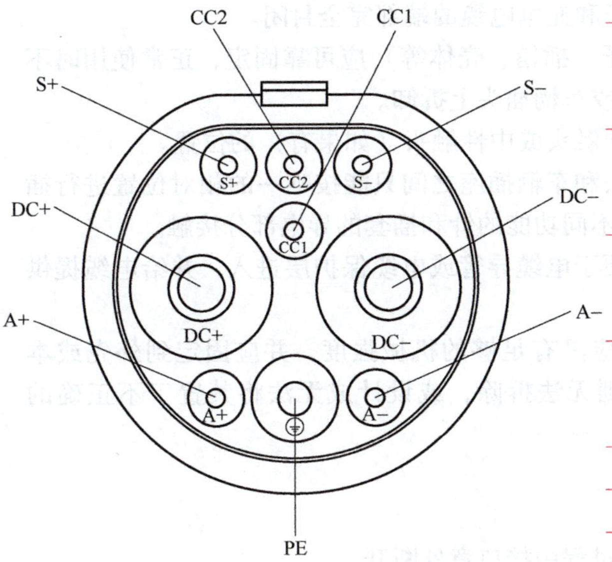

触头编号	触头标识	额定电压和额定电流	功能定义
1	DC +	750V/1000V 80A/125A/200A/250A	直流电源正，连接直流电源正与动力蓄电池正极
2	DC −	750V/1000V 80A/125A/200A/250A	直流电源负，连接直流电源负与动力蓄电池负极
3	PE	—	保护接地（PE），连接供电设备地线与车辆电平台
4	S +	0V ~ 30V 2A	充电通信 CAN-H，连接非车载充电机与电动汽车的通信线
5	S −	0V ~ 30V 2A	充电通信 CAN-L，连接非车载充电机与电动汽车的通信线
6	CC1	0V ~ 30V 2A	充电连接确认
7	CC2	0V ~ 30V 2A	充电连接确认
8	A +	0V ~ 30V 20A	低压辅助蓄电池正，连接非车载充电机为电动汽车提供低压辅助蓄电池正
9	A −	0V ~ 30V 20A	低压辅助蓄电池负，连接非车载充电机为电动汽车提供辅助蓄电池负

图 4-10　直流充电口

五、充电连接装置的一般要求

1）充电连接装置在正常使用时应性能可靠，对使用者和周围环境没有危害。

2）充电连接装置的使用环境温度为 −30 ~ +50℃。

3）充电连接装置易触及的表面应无毛刺、飞边及类似尖锐边缘。

4）供电插头、供电插座、车辆插头、车辆插座的外壳上应标有制造商的名称或商标、产品型号、额定电压和额定电流等信息。

5）额定工作电流超过 16A（不含 16A）的充电连接装置，应设计有控制导引电路，且控制导引电路处于正常工作状态时，充电连接装置应不会出现带载分断。

6）采用连接方式 B 时，供电接口和车辆接口应有清晰可见的不同标识以进行区分。

六、充电连接装置的结构要求

1）供电插头、供电插座、车辆插头和车辆插座应有配属的保护盖，这些保护盖与其配属的部件之间应有起固定连接作用的附件装置（如链、绳等），且不使用工具时应不能拆卸。

2）供电插头、供电插座、车辆插头和车辆插座应包括接地端子和触头，且在连接和断开过程中，接地触头应最先接通和最后断开。

3）供电插头和车辆插头的外壳应将端子和充电电缆的端部完全封闭。

4）供电插头和车辆插头的部件（如端子、插销、壳体等）应可靠固定，正常使用时不应松脱，且不使用工具时应不能从供电插头或车辆插头上拆卸。

5）充电接口应保证使用者不能改变接地触头或中性触头（如果有）的位置。

6）供电插头和供电插座之间，车辆插头和车辆插座之间只能按唯一的相对位置进行插合，从而避免由于误插入引起插头和插座中不同功能的针和插套的导电部分接触。

7）供电插头和车辆插头的电缆入口应便于电缆导管或电缆保护层进入，并给电缆提供完善的机械保护。

8）绝缘衬垫、绝缘隔层及类似部件等应具有足够的机械强度，并应固定到外壳或本体中，且应做到：如果不将其严重损坏，则无法拆除，或设计成无法将其置于不正确的位置。

七、锁止装置

充电接口应有锁止功能，用于防止充电过程中接口意外断开。

在锁止状态下，施加200N拔出外力时，连接不应断开，且锁止装置不得损坏。

对于直流充电接口，锁止装置应使用专用方式（机械和或电子）才能打开。

八、插拔力

供电插头插入和拔出供电插座、车辆插头插入和拔出车辆插座的全过程的力均应满足：

对于交流充电接口，小于100N。

对于直流充电接口，小于140N。

充电接口可以使用助力装置。如果使用助力装置，在进行插入和拔出操作时，助力装置的操作力应满足上述条件。

九、防触电保护

供电插头、供电插座、车辆插头、车辆插座的防触电保护应满足GB/T 11918.1—2014中9防触电保护的要求。注：车辆插头和车辆插座的中性端子和控制导引端子视作带电部件，信号、数据、接地端子不视为带电部件。

当插入供电插头或车辆插头时，接地端子应最先连接；控制导引端子应在相线端子及中性端子之后连接。当拔出供电插头或车辆插头时：接地端子应最后断开；控制导引端子应先于相线端子及中性端子断开。

接地措施：新能源汽车充电连接装置的接地保护应满足GB/T 11918.1—2014中10接地措施的要求。新能源汽车充电连接装置的接地保护按照GB/T 20234.1—2015中7.6接地措施进行短时间耐大电流测试，接地电路中的部件不应熔化、断开或破损。和接地端子相连的导线用绿-黄双色予以标识。接地导线和中线（如果有）的横截面积至少应等于相线导线横截面积。

端子：充电接口的端子应满足 GB/T 11918. 1—2014 中 11 端子和端头的要求。对于额定电流大于 250A 的端子，应使用不可拆线方式。

橡胶和热塑性材料的耐老化：新能源汽车充电接口中所采用的橡胶和热塑性材料的耐老化性能应满足 GB/T 11918. 1—2014 中 13 橡胶和热塑性材料的耐老化的要求。

防护等级：在与保护盖连接后，供电插头、供电插座、车辆插头、车辆插座的防护等级应分别达到 IP54。供电插头和供电插座、车辆插头和车辆插座插合后，其防护等级应分别达到 IP55。

绝缘电阻和介电强度：新能源汽车充电接口的绝缘电阻和介电强度应满足 GB/T 11918. 1—2014 中 19 绝缘电阻和电气强度的要求。

分断能力：对于有控制导引且在其正常工作时能避免带载分断的充电接口，按照 GB/T 20234. 1—2015 中 7. 11 进行试验期间，不得有引起着火或触电的危险；试验结束后，不要求充电接口保持原有功能。对于没有控制导引功能或者控制导引电路不能避免带载分断的充电连接装置，按照 GB/T 20234. 1—2015 中 7. 11 进行试验，试验结束后，试样不应出现不利于继续使用的损坏。

使用寿命（正常操作）：供电插头和供电插座、车辆插头和车辆插座按 GB/T 20234. 1—2015 中 7. 12 进行插拔寿命试验。试验结束后，应满足：附件或锁止装置应能继续使用；无外壳或隔板的劣化；插销上的绝缘帽无松脱；无电气连接或机械连接松脱；无密封胶渗漏；保持触点之间信号传输的连续性；介电强度性能复试满足相关要求。

表面温度和端子温升：充电连接装置按照 GB/T 20234. 1—2015 中 7. 13 的试验方法进行试验，应满足如下要求：

1）供电插头和车辆插头的抓握部位，其允许的最高温度不应超过：金属部件为 50℃；非金属部件为 60℃。

2）供电插头和车辆插头可以接触的非抓握部位允许温度不得超过：金属部件为 60℃；非金属部件为 85℃。

3）端子的温升不超过 50K。

电缆及其连接：充电连接装置的电缆及其连接应满足 GB/T 11918. 1—2014 中 23 软电缆及其连接的要求，但部分试验方法及线缆位移另有要求。

机械强度：充电连接装置的电缆及其连接应满足 GB/T 11918. 1—2014 中 24 机械强度的要求。

螺钉、载流部件和连接：充电接口的螺钉、载流部件和连接应满足 GB/T 11918. 1—2014 中 25 螺钉、载流部件和连接的要求。

爬电距离、电气间隙和穿通密封胶距离：充电接口的爬电距离、电气间隙和穿透密封胶距离应满足 GB/T 11918. 1—2014 中 26 爬电距离、电气间隙和穿通密封胶距离的要求。

耐热、耐燃和耐电痕化：充电接口的耐热、耐燃和耐电痕化应满足 GB/T 11918. 1—2014 中 27 耐热、耐燃和耐电痕化的要求。

腐蚀与防锈：充电接口的腐蚀和防锈应满足 GB/T 11918. 1—2014 中 28 耐腐蚀与防锈的要求。

限制短路电流耐受试验：充电接口的限制短路和电流耐受试验应满足 GB/T 11918. 1—

2014 中 29 限制短路电流耐受试验的要求。

车辆碾压：供电插头和车辆插头，按照 GB/T 20234. 1—2015 中 7. 21 的方法进行车辆碾压试验后，不应出现防护等级不满足相关要求；爬电距离、电气间隙和穿通密封胶距离不满足 GB/T 20234. 1—2015 中 6. 17 的要求；其他可能会增加着火或电击事件的可能性的损坏迹象；不能满足 GB/T 20234. 1—2015 中 6. 10 的介电强度要求。

任务实施

一、准备工作

（1）防护装备　隔离栏、警示牌、绝缘手套、护目镜和安全帽、绝缘鞋。

（2）实训车辆　比亚迪 E5 纯电动汽车、比亚迪秦混合动力汽车等。

（3）工具设备　充电桩、充电连接装置等。

（4）辅助资料　汽车维修手册、教材。

二、实施步骤

根据任务要求，每 6 个人 1 组，每组选出 1 名组长，组长对小组成员进行任务分配。以小组为单位，根据实训室的车辆配置，完成以下相关的操作：

1. 典型纯电动汽车充电连接装置的拆卸

拆卸维修前需：将起动开关置于 OFF 位置、动力蓄电池断电、拆掉前保险杠总成。

（1）拆卸直流充电口（图 4-11）

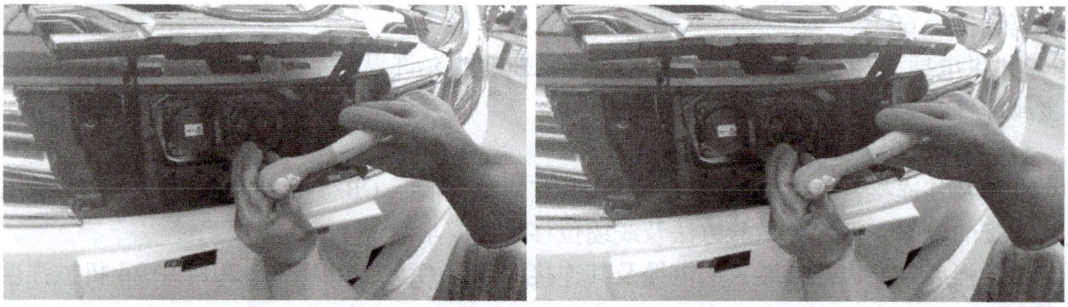

图 4-11　拆卸直流充电口

1）拆卸充电口上安装板和充电口法兰面安装螺栓。

2）拆掉 2 个搭铁螺栓。

3）拆掉高、低压接插件并拆卸扎带。

4）取出直流充电口。

（2）安装直流充电口

1）将直流充电口高、低压线束穿过车身安装钣金。

2）将直流充电口小压板装上，拧紧 2 个法兰面螺栓。

3）拧紧 4 个法兰面安装螺栓。

4）固定好高压线束扎带并接上所有高、低压接插件，拧紧 2 个搭铁螺栓。

（3）拆卸交流充电口（图 4-12）

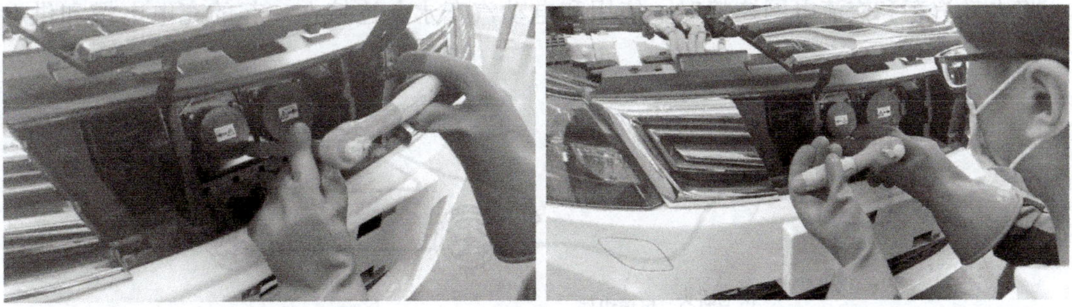

图 4-12　拆卸交流充电口

1）断开交流充电口高、低压接插件并拆卸高压线束扎带，拆卸 2 个搭铁螺栓。

2）拆卸 4 个法兰面固定螺栓。

3）向外取出交流充电口。

（4）安装交流充电口

1）将交流充电口线缆由外向里安装。

2）拧紧 4 个充电口法兰面安装螺栓。

2. 典型混合动力汽车充电连接装置的拆卸

混合动力汽车充电连接装置的拆装与纯电动汽车充电连接装置的拆装过程一致，按照纯电动汽车上述步骤完成即可。

知识拓展

一、电子锁止装置

电子锁电源由供电设备提供并控制，应具备锁止位置反馈信号功能，以便供电设备能够正确识别出电子锁已将机械锁正确锁止或处于解锁状态。在电子锁未可靠锁止时，应能够发出故障信号，能使供电设备停止充电或不能启动充电。

电子锁功能示例如图 4-13 所示。直流充电时，车辆插头应安装机械锁，供电设备应能判断机械锁是否可靠锁止；车辆插头应安装电子锁，电子锁处于锁止位置时，机械锁应无法操作，机械锁与电子锁联动，供电设备应能判断电子锁是否可靠锁止（如电子锁反馈锁止信号）。

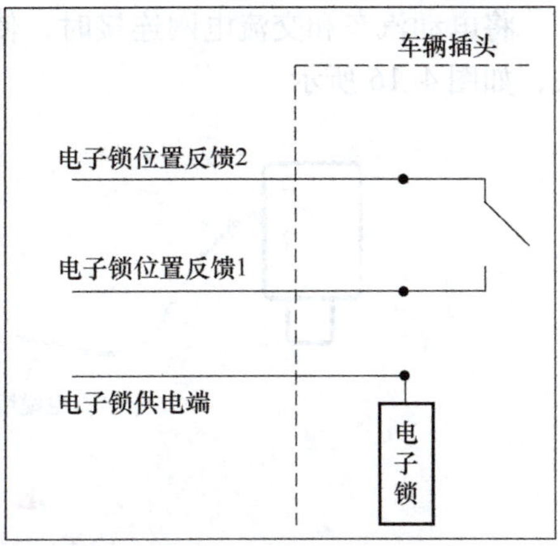

图 4-13　电子锁功能示例

二、充电连接方式

充电连接方式指使用电缆和插接器将电动汽车

接入电网（电源）的方法。

1. 连接方式 A（Case A connection）

将电动汽车和交流电网连接时，使用和电动汽车永久连接在一起的充电电缆和供电插头，如图 4-14 所示。

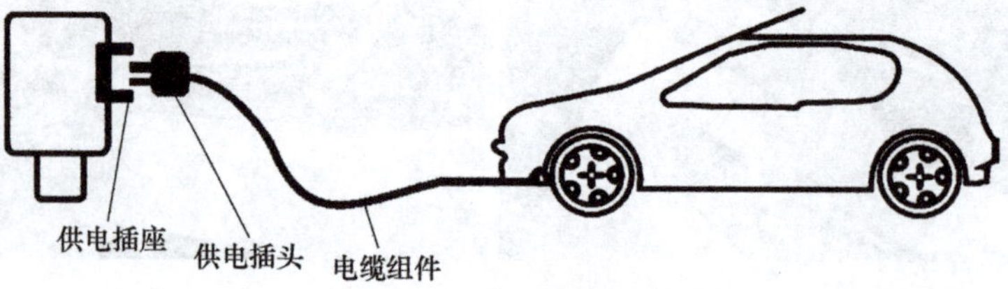

▲ 图 4-14　连接方式 A

注：电缆组件是车辆的一部分。

2. 连接方式 B（Case B connection）

将电动汽车和交流电网连接时，使用带有车辆插头和供电插头的独立的活动电缆组件，如图 4-15 所示。

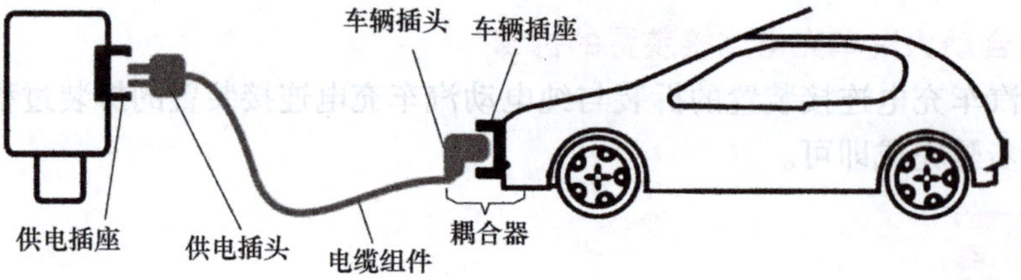

▲ 图 4-15　连接方式 B

注：可拆卸电缆组件不是车辆或者充电设备的一部分。

3. 连接方式 C（Case C connection）

将电动汽车和交流电网连接时，使用了和供电设备永久连接在一起的充电电缆和车辆插头，如图 4-16 所示。

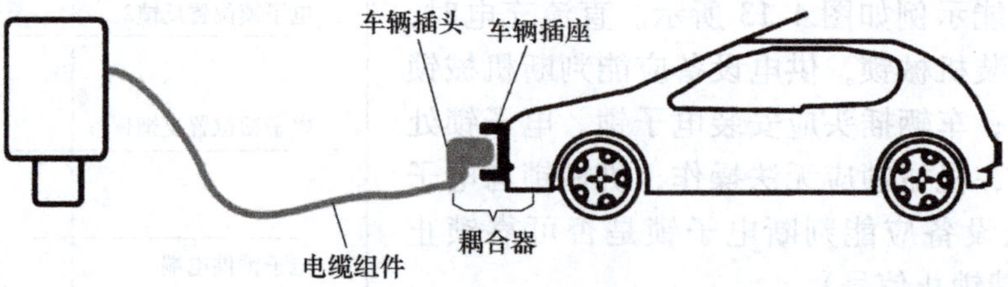

▲ 图 4-16　连接方式 C

注：电缆组件是充电设备的一部分。

三、新能源汽车对充电装置的要求

（1）安全性　新能源汽车充电时，要确保人员的人身安全和动力蓄电池的安全。

（2）使用方便　充电装置应具有较高的智能性，不需要操作人员过多干预充电过程。

（3）成本经济　成本经济、价格低廉的充电设备有助于降低整个新能源汽车的成本，提高运行效益，促进新能源汽车的商业化推广。

（4）效率高　高效率是对现代充电装置最重要的要求之一，效率的高低对整个新能源汽车的能量效率有重大影响。

（5）对供电电源污染小　采用电力电子技术的充电设备是一种高度非线性的设备，会对供电网及其他用电设备产生有害的谐波污染，而且由于充电设备功率因数低，在充电系统负载增加时，对其供电网的影响不容忽视。

学习小结

1）充电连接装置是指新能源汽车充电时，连接新能源汽车和新能源汽车供电设备的组件，主要包括电缆、供电接口、车辆接口、缆上控制保护装置、盖帽等部件。

2）新能源汽车充电有交流充电和直流充电两种方式，对应的，有交流新能源汽车充电电缆和直流新能源汽车充电电缆两种类型的电缆。

3）“充电连接装置”英文为 Connection Set for Charging。

自我评估

1. 填空题

1）充电连接装置主要包括电缆、__________、__________、缆上控制保护装置和帽盖等部件。

2）电缆屏蔽层采用__________和__________编织屏蔽的组合屏蔽形式，以达到__________、__________的目的。

3）比亚迪 E5 纯电动汽车供电插头采用的是国标__________，车辆插头采用的是国标__________。

2. 判断题

1）交流充电主要是通过充电站的充电柜将直流高压电直接通过直流充电口给动力蓄电池充电。　（　　）

2）“充电连接装置”英文为 Connection Set for Charging。　（　　）

3. 不定项选择题

1）在新型环保节能新能源汽车充电电缆设计的过程中，最主要的是保证新能源汽车充电电缆（　　）等特点。

A. 耐热性

B. 耐寒性

C. 高韧性

D. 耐磨性

2）乙丙橡胶（或类似合成橡胶）绝缘，铜丝编织屏蔽，氯丁橡胶（或类似材料）护套，新能源汽车传导充电系统用电缆型号为（　　）。

A. EV-EF

B. EV-WDYJYJPYJ

C. EV-SSPS

D. EV-S90S90PU

任务2

充电连接装置的检修

任务情境

任务描述

一辆比亚迪 E5 新能源汽车，进厂报修时的故障现象：充电过程中，时而充电，时而不充电。要求服务站给予检修。

任务提示

根据故障现象，这辆汽车的充电连接装置出现了故障，需要对充电连接装置进行检修。要完成这个任务需要对充电连接装置的组成部件进行拆解和检测，锻炼学生充电连接装置的动手操作能力。

任务目标

知识目标

1. 掌握充电连接装置的功用。
2. 掌握充电连接装置的组成。
3. 掌握充电连接装置的使用。

能力目标

1. 能够正确查看手册进行故障分析。
2. 能够检测、拆卸充电连接装置的各部件。

必备知识

一、检修思路

新能源汽车充电连接装置的检修思路通常是由简到繁、先易后难，并遵守“能不拆则不拆，能换不修”的原则。具体检修思路如下：对充电连接装置各部件进行外观检查；对充电连接装置各部件进行拆解；对充电连接装置拆解各部件进行检测。

二、对充电连接装置各部件进行外观检查

1. 电缆的检查

1）检查喷码是否齐全清晰，安全编号是否正确。

2）电缆外护套要色泽鲜亮、均匀和柔顺，其外皮应吸紧。

3）护套与绝缘体具有弹性，不易开裂。若护套与绝缘体容易撕裂和刮伤，视为不合格。

4）要求电缆铜芯是原色、有光泽、手感软。紫黑色、偏黄或偏白，杂质较多，机械强度差，韧性不佳，稍用力即会折断，而且电线内常有断线现象的视为不合格。

5）导体在绝缘中的中心度应无偏心现象。

6）屏蔽电缆的屏蔽带密度必须达标。

7）用手拉导体应不能轻易拉出，对绝缘和护套强烈弯折不能变白，绝缘不能轻易剥离铜线的均为不合格。

8）用鼻子闻，应是无味或是有轻微而不刺鼻的气味。

9）电缆护套的阻燃性与机械性应达到相应要求。

10）电缆护套外径要达标，绝缘厚度要达到标称值。

11）电缆外观应完整无损。电缆封端应严密，当外观检查有怀疑时，应进行受潮判断或试验。

2. 充电接口的检查

1）通过观察和手动试验，检查充电接口的外观和结构是否正常。

2）插合供电插头和供电插座、车辆插头和车辆插座，施加200N的拔出外力检验锁止装置功能是否正常。

3）通过仪器（如弹簧秤、砝码等）测试供电插头和供电插座、车辆插头和车辆插座之间的插拔力是否正常。

4）检查防触电保护和接地措施是否正常。

三、对充电连接装置各部件进行拆解

1. 比亚迪 E5 新能源汽车直流充电接口的更换

（1）拆装前的准备

1）将起动开关置于 OFF 位置。

2）断开辅助蓄电池负极连接线。
3）拆卸维修开关。
① 打开车辆内室储物盒，取出内部物品。
② 取出储物盒底部隔板。
③ 使用十字螺钉旋具将安装盖板螺钉（4个）拧下，掀开盖板。
④ 取出维修开关上盖板。
⑤ 拉动维修开关手柄至竖直状态，向上提拉，取出维修开关。
⑥ 使用电工绝缘胶布封住维修开关插接器母端。
（2）直流充电接口的更换
1）拆卸。
① 拆卸充电接口上安装板和充电接口法兰面安装螺栓。
② 拆卸2个搭铁螺栓。
③ 断开高、低压插接件并拆掉扎带。
④ 取出直流充电接口。
2）安装。
① 将直流充电接口高、低压线束穿过车身安装钣金。
② 将直流充电接口安装板装上。
③ 拧紧4个法兰面安装螺栓。
④ 固定好高压线束扎带并接上所有高、低压插接件，拧紧2个搭铁螺栓。

2. 比亚迪E5新能源汽车交流充电接口的更换

（1）拆装前的准备
1）将起动开关置于OFF位置。
2）断开辅助蓄电池负极连接线。
3）拆卸维修开关。
① 打开车辆内室储物盒，取出内部物品。
② 取出储物盒底部隔板。
③ 使用十字螺钉旋具将安装盖板螺钉（4个）拧下，掀开盖板。
④ 取出维修开关上盖板。
⑤ 拉动维修开关手柄至竖直状态，向上提拉，取出维修开关。
⑥ 使用电工绝缘胶布封住维修开关插接器母端。
（2）交流充电接口的更换
1）拆卸。
① 断开交流充电接口高、低压插接件，拆掉高压线束扎带，拆卸2个搭铁螺栓。
② 拆卸4个法兰面固定螺栓。
③ 向外取出交流充电接口。
2）安装。
① 将交流充电接口线缆由外向里安装。
② 拧紧4个充电接口法兰面安装螺栓。

③ 接好高、低压插接件。

④ 分别扣上小支架和水箱上横梁上面的扎带孔位。

⑤ 拧紧2个搭铁螺栓。

四、对充电连接装置拆解各部件进行检测

对充电连接装置拆解各部件进行检测，主要是针对各线束的通断进行检测。步骤如下：

1）确定各线束端子的作用。

2）对各线束进行阻值测量。

任务实施

一、准备工作

（1）防护装备　隔离栏、警示牌、绝缘手套、护目镜和安全帽、绝缘鞋。

（2）实训车辆　比亚迪E5纯电动汽车、比亚迪秦混合动力汽车等。

（3）工具设备　充电桩、充电连接装置等。

（4）辅助资料　汽车维修手册、教材。

二、实施步骤

根据任务要求，每6个人1组，每组选出1名组长，组长对小组成员进行任务分配。以小组为单位，根据实训室的车辆配置，完成以下相关的操作：

1. 典型纯电动汽车充电连接装置的检修

1）检查充电线连接确认信号是否正常（图4-17）；检查车载充电机供电电源是否正常（含220V和12V）及车载充电机工作是否正常；检查充电唤醒信号输出是否正常（12V）；检查车载充电机、VCU、BMS之间通信是否正常（主继电器闭合、发送电流强度需求）。

图4-17　充电连接

2）检查动力蓄电池、单体蓄电池温度是否在0～45℃；检查SOC电压差是否小于0.3V；检查单体蓄电池最高温度与最低温度差是否小于15℃；检查实际单体蓄电池最高电压是否不大于额定单体蓄电池电压0.4V。

3）检查绝缘良好，阻值是否大于20MΩ。

① 分别拔出直流充电口总成的高压接插件和低压接插件。

② 分别测试正、负极电缆和低压线束是否导通。

③ 用万用表检查低压接插件与充电口端子阻值是否正常。

4）检查高、低压电路连接是否正常（远程控制开关关闭状态）。

2. 典型混合动力汽车充电连接装置的检修

混合动力汽车充电连接装置的检修与纯电动汽车充电连接装置的检修过程一致，按照纯电动汽车上述步骤完成即可。

知识拓展

充电接口标准

统一的接口结构是保证电动汽车充电安全性、互换性的基础。在电动汽车的产业化过程中，充电接口的标准化至关重要。

就最基础的充电接口标准来说，世界主要有多个成体系的标准，有国际电工委员会（IEC）提出的标准；有美国汽车工程师协会（SAE）提出的标准；有日本电动汽车协会（JEVS）和日本电动车充电协会（CHADEMO）联合创立的标准；有欧洲汽车工业协会（ACEA）提出的标准。中国在2006年发布了《电动汽车传导充电用插头、插座、车辆耦合器和车辆插孔通用要求》，这个国家标准主要借鉴了国际电工委员会（IEC）2003年提出的标准。目前，我国最新的电动汽车充电接口及通信协议标准在2015年发布实施，即GB/T 20234.1—2015《电动汽车传导充电用连接装置 第1部分：通用要求》、GB/T 20234.2—2015《电动汽车传导充电用连接装置 第2部分：交流充电接口》、GB/T 20234.3—2015《电动汽车传导充电用连接装置 第3部分：直流充电接口》、GB/T 27930—2015《电动汽车非车载传导式充电机与电池管理系统之间的通信协议》和GB/T 18487.1—2015《电动汽车传导充电系统 第1部分：通用要求》。这几项标准的发布，标志着我国充电接口实现了国家层面上的标准统一。

学习小结

1）新能源汽车充电连接装置的检修包括对充电连接装置各部件进行外观检查、对充电连接装置各部件进行拆解、对充电连接装置拆解各部件进行检测。

2）电缆外护套要色泽鲜亮、均匀和柔顺，其外皮应吸紧。护套与绝缘体应具有弹性，不易开裂，若护套与绝缘体容易撕裂和刮伤视为不合格。

3）“充电电缆”英文为Charging Cable。

自我评估

1. 填空题

1）充电电缆铜芯是__________、__________、手感软、__________、__________或__________。

2）充电连接装置的__________和__________（如端子、插销、壳体等）应可靠固定，正常使用时不应__________，且不使用工具时应不能从供电插头或车辆插头上拆卸下来。

3）充电连接装置的使用环境温度为__________。

2. 判断题

1）充电装置应具有较高的智能性，需要操作人员干预充电过程。 （ ）

2）“充电电缆”英文为 Charging Cable。 （ ）

3）成本经济、价格低廉的充电设备有助于降低整个新能源汽车的成本，提高运行效益，促进新能源汽车的商业化推广。 （ ）

3. 不定项选择题

1）充电连接装置的供电插头、供电插座、车辆插头和车辆插座的外壳上应标有（ ）等信息。

A. 制造商的名称或商标

B. 产品型号

C. 额定电压

D. 额定电流

2）充电连接装置的使用环境温度为（ ）。

A. 低于 −30℃

B. 高于 +50℃

C. −30 ~ +50℃

参 考 文 献

[1] 朱伟. 新能源汽车维护 [M]. 北京：人民交通出版社，2019.
[2] 瑞佩尔. 新能源汽车结构与原理 [M]. 北京：化学工业出版社，2019.
[3] 吕江毅，成林. 新能源汽车动力蓄电池技术 [M]. 北京：机械工业出版社，2019.
[4] 崔胜民. 智能网联汽车概论 [M]. 北京：人民邮电出版社，2019.